MEMOIRES

POUR SERVIR

A L'HISTOIRE

DE LOÜIS XIV.

PAR FEU

M. L'ABBÉ DE CHOISY,

DE L'ACADEMIE FRANÇOISE.

TOME PREMIER.

A UTRECHT,

Chez W·AN-DE-VATER.

MDCCXXVII.

PREFACE.

LA malignité ou la flatterie conduisent nécessairement la plume de ceux qui écrivent l'Histoire d'un Prince pendant sa vie, ou aussi-tôt après sa mort, que les motifs de haine & de crainte sont encore récens. Et d'ailleurs, comment pénétrer dans les secrets de l'Etat en un tems où il est si important d'en dérober la connoissance à l'Etranger, quelquefois même au Sujet ? Il est cependant impossible qu'un Historien ignorant ou partial puisse faire un ouvrage utile, & rempli de ces grands traits de verité, de ces détails de négociations, de ces portraits naïfs & fidéles des mœurs du siecle, sans quoi l'Histoire la mieux écrite, la plus parfaitement diſpoſée n'aura jamais que le merite du Roman.

Si ces principes ſont vrais, comme on n'en ſçauroit douter, quelle opinion peut-on avoir de tous les Livres qui ont paru juſqu'ici ſous le titre ſpécieux *d'Hiſtoire de Loüis XIV*. Ceux qui l'ont écrite, dans le tems que toute l'Europe retentiſſoit de la gloire de ce Prince, ont plûtôt fait des Panegyriques qu'un recit exact des évenemens de ſon Regne. Depuis ſa mort même, l'un de ſes Hiſtoriens n'a fait qu'orner les Gazettes de quelques fleurs de Rhetorique, & l'on s'aperçoit aiſément que ſans des bien-ſéances d'état, qui ne lui permettoient pas d'aprouver les violences dont on avoit uſé envers ſes freres, il n'auroit jamais quitté le ton flateur. On n'a pas même trouvé dans ce dernier ouvrage de M. de Larrey, les graces du ſtile qui avoient mis à la mode ſon Hiſtoire d'Angleter- re , & qui l'ont ſoutenuë dans quelque ſorte de réputation , juſ- qu'à ce que celle de M. Rapin- Thoiras ait ouvert les yeux du Public , qui préferera toûjours une Hiſtoire pleine de ſens & de liberté , à une informe Rhapſo- die, qui n'aura d'autre prix que d'être écrite avec élegance.

Au moins une Hiſtoire où l'Au- teur ſacrifie la verité à des motifs purement humains, eſt rarement une Hiſtoire dangereuſe ; & l'on n'en voit pas qui ait produit d'au- tre effet que de dés-honorer l'Hiſtorien, ſans que le merite du Heros en ait impoſé à la poſteri- té. Mais il n'en eſt pas ainſi d'une Hiſtoire ſatyrique. La maligni- té naturelle lui donne toûjours quelque vogue , & la plûpart des Lecteurs charmez , ne refuſent gueres leur approbation à un homme qui les délivre de la cruelle neceſſité d'applaudir à des qualitez brillantes, dont l'éclat les bleſſe.

Je ne crois pas qu'il faille chercher ailleurs la cauſe du bruit qu'a fait *l'Hiſtoire de Loüis XIII.* par le Vaſſor , & celle *de Loüis XIV.* par M. de Limiers. Ce n'eſt pas que je veüille comparer ces deux Auteurs dont le premier entendoit au moins ſa matiere , & l'eût bien traitée ſans les préjugez de Religion ; au lieu que ſon ſucceſſeur ne connoiſſoit que le nom de *Loüis XIV.* lorſqu'il entreprit ſon Hiſtoire. Auſſi ne l'a-t-il compoſée qu'à l'aide de quelques Gazettes , & du plus grand nombre de Libelles qu'il a recouvrez. Sans choix , ſans ménagement , ſans preuves , il a compilé tout ce qui a jamais paru de plus odieux contre la gloire de *Loüis XIV.* & de ceux qui

ont eu le plus de part à sa confiance. Peut-être pourtant que
tant de traits flétriſſans mis bout
à bout auroient acquis quelque
autorité, ſi l'art de les mettre en
œuvre eût égalé dans l'Auteur
l'avidité à les recüeillir. Heureuſement, le piége eſt groſſier, & il
n'y a que les ennemis de la France qui puiſſent y être trompez.

Sera-t-il donc défendu d'inſtruire la poſterité & des foibleſſes
des Rois, & des fautes de leurs
Miniſtres! Non ſans doute, & la
crainte bien fondée que l'on a
euë que Meſſieurs Peliſſon, Racine, & Deſpreaux ne couvriſſent
d'un voile épais les défauts de
Loüis XIV. & ceux de ſes favoris,
empêche que l'on ne regrete leur
Hiſtoire, qui d'ailleurs auroit été
un chef-d'œuvre, & à laquelle,
ſelon toutes les apparences, on
n'auroit pû reprocher que les dé-
guiſemens ordinaires à ceux qui

tranſmettent à la poſterité les actions de leurs Bienfaiteurs.

Mais l'amour de la verité n'exclut pas le reſpect envers les Puiſſances, & ſur tout il proſcrit l'aigreur : ménagement délicat, milieu preſque impoſſible à tenir dans la compoſition d'un Hiſtoire, à moins que celui qui en eſt l'objet, ne ſoit plus en état de récompenſer ou de punir. Alors un Auteur n'ayant aucune animoſité, aucune eſperance, il raconte hardiment, mais ſans fiel, ce qu'il y a eu de trop humain dans le caractere de ſon Heros ; il peint avec force, il expoſe avec plaiſir ſes vertus.

J'ajoûterai que l'on n'a gueres de bons Memoires ſur le regne d'un Prince qu'après ſa mort. Les particuliers ne voyent aucun inconvenient à communiquer les manuſcrits qu'ils conſervent dans leurs cabinets ; ils deviennent enfin public, & un homme habile découvre bien-tôt la verité, en comparant avec soin ces divers morceaux.

Combien en a-t-il paru depuis M. DCC. XV. qui répandent un grand jour sur le Regne de *Loüis XIV.* qui n'a pas lû les Memoires de Retz, de Joli, de Nemours, de Gourville ? Tous ces Ecrivains, témoins oculaires de la plûpart des faits dont ils parlent, nous ont laissé des materiaux précieux, qu'il est à souhaiter qu'une bonne main mette en œuvre. Avec le secours que l'on peut tirer de ces livres & de quelques autres tant imprimez que manuscrits, il est aisé d'écrire dès à present l'Histoire de la Minorité.

Il est vrai que la suite du Regne du feu Roi n'est pas encore si connuë; mais c'est l'affaire d'un petit nombre d'années, d'en ap-

prendre davantage,& il faut croire qu'on ne laiſſera pas perir un
grand nombre de négociations
importantes, & de relations ori-
ginales où elle eſt fidélement
conſervée : tels ſont les Memoires
de Mademoiſelle de Montpen-
ſier, ceux de M. le Duc de Lauzun, les dépeches de M. d'Avaux,
les Lettres du Cardinal de Jan-
ſon, & tant d'autres Manuſcrits
qui ſont communs dans les bons
Cabinets de Paris.

En attendant que l'on mette
au jour des morceaux ſi curieux,
nous croyons que le Public nous
ſçaura gré des Memoires que
nous lui communiquons aujour-
d'hui. M. l'Abbé de Choiſy les
avoit faits pour ſa ſatisfaction particuliere, & ne croyoit pas autrement qu'ils dûſſent jamais être
imprimez ; de ſorte qu'il y a laiſ-
ſé bien des négligences de ſtile,
& quelques repetitions qu'il au-

roit fans doute rectifiée , s'il eût
prévû ce qui arrive. Mais ce que
l'on perd de ce côté-là, on en eſt
bien dédommagé par les traits
vifs & hardis dont il a étoffé des
Memoires qu'il écrivoit pour ſon
ſeul uſage , & qu'il eût peut-être
ſacrifiez à la crainte de déplaire
aux Courtiſans qu'il intereſſent.

Ce qui fera le plus de plaiſir
aux Lecteurs qui ſçavent penſer,
ce ſont les particularitez que M.
l'Abbé de Choiſy rapporte ſur la
Perſonne du feu Roi. Elles dé-
velopent parfaitement toute la
grandeur d'ame de ce Prince, &
montrent que ce qu'il y a eu de
repréhenſible dans ſon Gouvernement & dans ſa conduite , doit
être en grande partie attribué
aux vûës ſecrettes de ſes Miniſtres, & aux flatteries de ſes Courtiſans. Pour lui, il a toûjours voulu le bien de ſon Peuple , il n'a-
voit point d'autre but dans les dé-

marches même qui ont causé le plus de dommage au Royaume.

C'eſt ce que M. l'Abbé de Choiſy dévelope en bon François, qui aime ſon Prince, & qui ſent à quel degré de ſplendeur le feu Roi avoit porté ſon Etat, Il ne faut pas croire pourtant qu'il ait écrit un froid Panégyrique : il dit la verité, & nous croyons ne poúvoir mieux caractériſer ſes Memoires, qu'en diſant qu'il loüe ſouvent Loüis XIV. qu'il le blàme quelquefois, & qu'il peint ordinairement les Miniſtres & les Favoris avec ces traits délicats & malins qui coulent ſans peine de la plume d'un homme qui vit à la Cour, & qui en a pris le ſtile.

MEMOIRES
POUR SERVIR
A
L'HISTOIRE
DE
LOÜIS XIV.

LIVRE PREMIER.

CE n'est point un vain desir de gloire historique qui me met la plume à la main. Je n'attens de mon Ouvrage ni d'honneur, ni profit ; j'écris pour ma propre satisfaction, ou si vous voulez des idées plus hautes & des motifs plus

nobles , je regarde uniquement l'inf-
truction du prochain ; & crois que
l'hiftoire eft la meilleure & la plus fûre
maniere d'apprendre aux Princes de la
terre des veritez quelquefois dures ,
qu'on n'oferoit leur dire autrement. Ils
voyent dans ce miroir des chofes paf-
fées , que la verité développe toutes
entieres , que les plus puiffans Rois n'y
font pas plus épargnez que les moindres
de leurs Sujets ; & que fi on y celebre
leurs vertus ; leurs vices, & même leurs
moindres défauts n'y font pas oubliez.
Ces exemples peuvent les toucher, &
lorfqu'ils remarquent la maniere libre &
hardie dont les Hiftoriens traitent les
plus grands Princes, quand ils font
morts , ils doivent s'attendre , que
quand on ne les craindra plus , ils n'y
feront pas traitez plus favorablement,
s'ils y donnent lieu par des actions in-
dignes d'eux. Cela me fait fouvenir que
pendant que je travaillois à l'Hiftoire de
Charles V I. M. le Duc de Bourgogne,
à peine forti de l'enfance , me dit un
jour ces paroles : *Comment vous y pren-
drez-vous pour dire que ce Roi étoit fou ?
Monfeigneur* , lui répondis-je fans he-
fiter , *je dirai qu'il étoit fou. La feul*

vertu distingue les hommes dès qu'ils sont morts. M. le Duc de Beauvilliers, qui passe dans le monde pour un homme de bien, & pour avoir l'esprit droit, m'a dit plusieurs fois, qu'en insinuant, comme je fais dans mes Histoires, des maximes de Religion, de pieté, de tendresse pour le peuple ; & les écrivant d'une maniere qui force à lire les moins adonnez à la lecture, (prenez garde au moins que c'est M. de Beauvilliers qui parle,) je faisois un plus grand bien, & rendois à Dieu un service plus agréable, qu'en faisant douze Missions. *Il y a,* me disoit-il, *beaucoup de gens propres à faire le Catechisme, & fort peu, ou presque point, de capables de faire des Livres qui se fassent lire.* Il me dit aussi que M. le Duc de Bourgogne avoit lû quatre fois l'Histoire de Charles V. Quel bonheur pour la France, & quelle consolation interieure pour un pauvre Auteur, de penser qu'un si grand Prince pourra peut-être, dans la suite de sa vie, mettre à profit l'exemple d'un Roi si sage ?

Après ce préambule, dont je me serois peut-être bien passé, il faut annoncer mon dessein, que je crois assez étendu pour y employer le reste de mes jours. J'entreprens d'écrire des Memoires sur la plus belle de toutes les Vies, la plus remplie d'évenemens extraordinaires, la plus digne de passer à la posterité. On n'y verra que Villes prises, Batailles gagnées, Etats conquis, & toutes les horreurs de la Guerre suivies plus d'une fois de la Paix, mere de l'abondance & des plaisirs ; & pour tout dire en peu de paroles, j'entreprens d'écrire la Vie de LOUIS QUATORZE ROI DE FRANCE, à qui ses Peuples ont donné le surnom de GRAND, nom glorieux, que ses vertus & ses actions lui ont acquis avec justice ; & que l'équitable avenir lui confirmera, si ses grandes destinées se soutiennent jusqu'à la fin ; & qu'après avoir fait la gloire de ses Sujets, il en puisse faire le bonheur.

Au reste mon dessein n'est pas d'écrire la grande Histoire de son Regne, je ne sçai point aller sur le marché des autres : & puisque deux beaux Esprits * connus & admirez dans le monde, l'un pour ses Tragedies, & l'autre pour ses Satyres, sont chargez d'un si grand

---

* M. Racine, & M. Despreaux.

travail,

travail, je me fais justice ; & suis persuadé qu'ils nous donneront une Histoire meilleure que celle que je pourrois faire : d'autant plus qu'ils ont en main tous les Mémoires les plus secrets, & qu'ils y travaillent depuis quinze ans. Je ne m'attache donc qu'aux particularitez de la Vie du Roi : je tâcherai de le suivre dans ses Conseils avec ses Ministres ; dans son Cabinet avec ses Amis. En dépoüillant le faste de la Royauté, il est plus aimable, & n'est peut-être pas moins grand qu'à la tête de ses Armées. Je ne le perdrai point de vûë dans ses jeux, dans ses plaisirs, dans ses exercices les plus communs ; & je ne laisserai rien perdre de tout ce qui échapera de son esprit & de son cœur, sans pourtant négliger ses actions de Héros : mais je ne ferai point une Gazette, & ne marquerai exactement que ce qu'il a fait en personne. On le verra dans la tranchée de Lille attirer par son courage cette belle parole d'un Soldat, qui le voyant exposé aux coups de mousquet, & un Page de la grande Ecurie tué derriere lui, le prit rudement par le bras en lui disant : *Otez - vous, est-ce là vôtre place ?*

Il est vrai que son courage pensa se
laisser aller aux continuelles instances
de ses Courtisans empressez & flateurs.
Le vieux Charost qui étoit alors Capitaine des Gardes du Corps en quartier, lui ôta de dessus la tête son chapeau & son bouquet de plumes, & lui
donna le sien ; mais le voyant un
moment après un peu incertain de ce
qu'il avoit à faire, il lui dit à l'oreille :
Il est tiré, Sire, il le faut boire. Le Roi
le crut, demeura dans la tranchée,
& lui en sçut tant de gré, que dès
le même soir il rappella à la Cour le
Marquis de Charost qui étoit exilé je
ne sçai où. Mais à propos du Siege de
Lille, le Comte de Brouai en étoit
Gouverneur pour le Roi d'Espagne ;
& tous les matins il envoyoit de la
glace au Roi, parce qu'il avoit appris
qu'il n'y en avoit point dans le Camp.
Un jour le Roi dit au Gentilhomme
qui venoit de sa part : Je vous prie
dites à Monsieur le Comte de Brouai
que je lui suis bien obligé de sa glace ;
mais qu'il m'en devroit envoyer un
peu davantage. Sire, répartit l'Espa-
gnol sans hésiter : Il croit que le Siege
sera long, & craint qu'elle ne vienne

à lui manquer. Il fit aussi-tôt une reverence & s'en alla. Mais le vieux Charost, qui étoit derriere le Roi, lui cria tout haut : *Dites à Monsieur de Brouai qu'il n'aille pas faire comme le Gouverneur de Doüai, qui s'est rendu comme un coquin.* Le Roi se retourna, & lui dit en riant : Charost, êtes-vous fou ? Comment, Sire, repliqua-t-il, le Comte de Brouai est mon cousin. Enfin on verra le Roi ceder à peine aux instances de M. de Turenne, qui le menaça bien serieusement de quitter l'Armée, s'il continuoit de venir à la tranchée sur un grand cheval blanc, avec un plumet blanc, comme pour se faire mieux remarquer ; dans le même tems qu'il avoit répondu aux Assiegez que son quartier étoit par tout ; ne voulant pas que le respect les empêchât de tirer. Je le suivrai à la Campagne de Hollande, à Mastricht, à Valenciennes, à Cambrai, à Mons, à Namur, & par tout où sa presence s'est bien fait sentir à ses ennemis. Je n'oublierai, s'il m'est possible, aucune de ses vertus ; mais aussi je n'oublierai pas ses défauts. Pâtri du même limon que Cesar & Alexandre, il aura ses foiblesses aussi - bien qu'eux , & quelquefois le Héros laissera paroître l'homme.

Et qu'on n'aille pas s'imaginer que ce ne sont que des paroles , & que je n'oserois faire ce que je promets avec tant de hardiesse, pour ne pas dire d'insolence. Je déclare d'abord que ce que je vais écrire demeurera pendant ma vie dans l'obscurité de mon Cabinet. Comment oserois - je parler librement du Prince & de ses Ministres ? Le pas seroit glissant ; & si je me fais des affaires avec eux , ou avec leurs enfans , ce ne sera du moins qu'après avoir pris mes mesures pour une séparation éternelle ; ainsi malgré la flaterie, vice dominant de tous les siécles, je mettrai sur le papier tout ce que je sçaurai de plus secret & de plus vrai , & je me vante d'en sçavoir beaucoup.

J'avois près de dix-sept ans à la mort du Cardinal Mazarin ; & par l'éducation qu'on m'avoit donnée , j'étois mieux instruit des affaires qu'on ne l'est ordinairement à cet âge - là. Ma Mere , qui étoit de la Maison de Hurault de l'Hopital , me disoit souvent : *Ecoutez, mon fils, ne soyez point glorieux,*

& songez que vous n'êtes qu'un Bourgeois ; je sçai bien que vos Peres, que vos grands Peres ont été Maîtres des Requêtes, Conseillers d'Etat ; mais apprenez de moi qu'en France on ne reconnoît de noblesse que celle d'Epée. La Nation guerriere a mis la gloire dans les armes. Or, mon fils, pour n'être point glorieux, ne voyez jamais que des gens de qualité. Allez passer l'après-dinée avec les petits de Lesdiguieres, le Marquîs de Villeroy, le Comte de Guiche, Louvigny ; vous vous accoûtumerez de bonne heure à la complaisance, & il vous en restera toute vôtre vie un air de civilité qui vous fera aimer de tout le monde. Elle me faisoit pratiquer ces leçons ; & il est arrivé qu'à la reserve de mes parens qu'il faut bien voir malgré qu'on en ait, je ne vois pas un homme de Robbe : il faut que je passe ma vie à la Cour ; avec mes Amis ou dans mon Cabinet avec mes Livres.

J'avois donc assez d'âge & de connoissance à la mort du Cardinal Mazarin pour remarquer toutes choses. Ma Mere, plus par son esprit, que par l'état de sa fortune, étoit fort avant dans les secrets de la Cour : la Reine

Anne d'Autriche l'avoit fort aimée ; &
le Roi lui-même la distinguoit de toutes
les femmes de son âge par ses bienfaits
& par des marques de son amitié, jusqu'à lui donner des audiances reglées
toutes les semaines. J'étois le dernier
de ses enfans, & par consequent le
plus aimé ; à l'âge de dix ans elle me
faisoit écrire tous les matins deux ou
trois heures au chevet de son lit, &
toutes ses Lettres parloient d'affaires
& de nouvelles ; elle avoit un commerce reglé avec la Reine de Pologne, Marie de Gonzague ; avec Madame Royale, de Savoye Christine de
France ; avec la fameuse Reine de Suede, & avec plusieurs Princesses d'Allemagne, qui toutes l'honoroient d'une
amitié particuliere : & par là j'ai été
initié de bonne heure aux mysteres de
la Politique.

Au reste j'avertis le Lecteur, qu'en
écrivant la Vie du Roi, j'écrirai aussi
la mienne à mesure que je me sou-
viendrai de ce qui m'est arrivé. Ce sera
un beau contraste, mais cela me ré-
joüira ; & je veux bien courre le risque qu'on dise, *Il joint à tous propos
les loüanges d'un fat à celles d'un Héros.*

Ce n'eſt pas que j'aye envie de me loüer, mais en parlant de ſoi, on y tombe ſans y penſer. Nos vertus nous paroiſſent plus grandes,& nos fautes plus legeres; & s'il m'arrive de mettre toutes les badineries de mon enfance, on ne les excuſera peut-être pas. On rira de me voir habillé en fille juſqu'à l'âge de dix-huit ans; on n'excuſera pas ma Mere de l'avoir voulu. Le voyage de Bordeaux ne laiſſera pas de divertir. Enfin je ſuis reſolu de laiſſer courir ma plume tant qu'elle voudra; & pour dire des choſes aſſez nouvelles & aſſez plaiſantes, je n'aurai qu'à dire ſimplement ce qui m'eſt arrivé. Une Dame qui a tout l'eſprit du monde, a dit que j'avois vêcu trois ou quatre vies differentes, homme, femme, toûjours dans les extrêmitez; abîmé ou dans l'étude, ou dans les bagatelles; eſtimable par un courage qui mene au bout du monde, mépriſable par une coqueterie de petite fille; & dans ces états differens toûjours gouverné par le plaiſir.

Quand le Roi en 1661. prit la conduite de ſes affaires j'avois des yeux, & j'eus de l'attention comme toute l'Europe ; mais je fus moins surpris qu'un autre. Ma Mere , qui le connoissoit à fond , m'avoit dit cent fois que c'étoit un génie extraordinaire , & que son cœur faisoit tort à son esprit dans la reconnoissance sans mesure qu'il témoignoit au Cardinal Mazarin. Il croyoit lui avoir les dernieres obligations , & le voyant prêt à mourir , il ne pouvoit se résoudre à lui donner du chagrin ; & peut-être la mort , en lui ôtant le pouvoir absolu. La suite a bien fait connoître que ma Mere ne se trompoit pas , & que ce Prince si doux & si endurant jusqu'à l'âge de vingt-deux ans , étoit le plus habile & le plus fier de tous les hommes. Je l'ai suivi à plusieurs de ses campagnes. Ma profession me dispensoit de faire la guerre , mon inclination me portoit au moins à la voir ; j'ai vû par moi-même la plûpart des merveilles de nôtre siécle ; j'étois au Passage du Rhin , & à la conquête des quatre Provinces Hollandoises. Le Cardinal de Boüillon mon ami particulier depuis l'enfance m'avoit donné une place dans son carosse ; j'aurai bien des choses à dire de lui dans la suite de ces Mémoires.

moires , & je ne l'épargnerai pas plus
qu'un autre : je l'aime , mais j'aime
encore mieux la verité. Il a fait un
grand perfonnage , & il eft bon de le
faire connoître tel qu'il eft. Jamais jeune homme n'entra dans le monde fi
agréablement : il étoit beau comme un
Ange , beaucoup d'efprit , de fineffe &
de vivacité , qui le menoit quelquefois
au-delà du but. Dans l'enfance il paffoit
tous les autres écoliers dans fes études ,
& fe diftinguoit par une vie exemplaire.
Il commença à faire parler de lui par
une querelle qu'il eut au College avec
l'Abbé d'Harcourt , qu'il foutint vigou-
reufement. On le nommoit alors le
Duc d'Albret. Le lendemain ma Mere
me demanda fi je l'avois été voir , je lui
dis que non , & que l'Abbé d'Harcourt
étoit de mes amis ; elle me penfa manger. Comment ! dit-elle , le neveu de
M. de Turenne ; courez vîte chez lui ,
ou fortez de chez moi. C'étoit une maî-
treffe femme ; j'y allai , & depuis ce
jour là j'ai toûjours été attaché à lui ,
j'ai fçû la maniere dont il fut fait Cardinal.

Ce fut en 1668. il venoit de recevoir
le Bonnet de la Maifon & Societé de

Sorbonne ; il logeoit daus le Cloître Nôtre-Dame. Il avoit si bien gagné l'estime & l'amitié du bon homme Perefixe Archevêque de Paris, qu'il le vouloit faire son Coadjuteur. Lorsque l'Abbé le Tellier fils du Ministre fut declaré Coadjuteur de Langres, le Duc d'Albret aprit par une voye secrette, que non content de Langres, l'Abbé le Tellier alloit être Coadjuteur de Reims. Cette nouvelle éveilla son ambition ; il l'alla dire à M. de Turenne, qui vouloit en aller parler au Roi pour l'empêcher. Gardez-vous bien, Monsieur, lui dit le Duc d'Albret, vous perdriez ma fortune : si le Roi met l'Abbé le Tellier dans un des grands postes de l'Eglise de France, il ne pourra jamais me refuser la Coadjutorerie de Paris, ou la nomination au Cardinalat. M. de Turenne avoüa qu'il avoit raison, & ne dit mot ; mais dès que l'Abbé le Tellier eut été nommé Coadjuteur de Reims, il alla voir M. l'Archevêque de Paris, qui l'assura qu'il auroit la plus grande joïe du monde, si le Roi vouloit bien lui donner M. le Duc d'Albret pour son Coadjuteur. Il ne perdit point de tems, & dès le soir même il demanda au Roi la

Coadjutorerie de Paris pour son neveu.
Le Roi qui se ressouvenoit des Guerres
Civiles & de la peine qu'un * Evêque
de Paris lui avoit fait, ne voulut point
mettre dans une place si importante un
homme si jeune & d'une si grande naissance : il refusa avec des promesses magnifiques pour toutes autres choses. M.
de Turenne lui demanda aussi-tôt la
nomination au Cardinalat, que Sa Majesté lui accorda, à condition que la chose demeureroit secrette. M. de Turenne
si fier dans un Combat, étoit fort timide dans le Cabinet ; il avoit eu besoin
de toute la vivacité du Duc d'Albret,
pour se résoudre de demander au Roi
ce qu'il obtint à la premiere parole. Il
avoit fait la pluye & le beau tems à la
Campagne de Lille ; mais depuis la Paix
sa faveur étoit fort baissée, & les Courtisans qui s'en étoient apperçûs n'étoient
plus dans son anti-chambre. Il arriva
quelques jours après que le nouveau
Coadjuteur de Rheims revenant de
Saint-Germain avec le Duc d'Albret,
lui dit en voyant les Tours de Nôtre-
Dame : Voilà deux Tours qui vous sieroient bien. Il avoit sçû par son Pere

* Le Cardinal de Retz.

que le Roi avoit refufé la Coadjutorerie
de Paris à M. de Turenne , mais il ne
fçavoit pas qu'il lui avoit accordé la
nomination au Cardinalat. Le Duc d'Albret qui fe fentoit dans fon cœur ample-
ment dédommagé , le remercia avec la
tendreffe d'un vieux Courtifan. Cinq
mois après l'Abbé le Tellier fut facré
Coadjuteur de Rheims avec une magnificence extraordinaire , & une fi grande foule, que ce jour là le Roi fe trouva
prefque feul à Saint-Germain. Il en témoigna quelque chagrin : le Duc d'Albret s'étoit trouvé à la ceremonie en habit fimple de Docteur, & les nouvelles
à la main en firent mention. Cela fâcha
M. de Turenne , qui pour fe dépiquer ,
alla prier le Roi de rendre publique la
nomination de fon neveu au Cardinalat.
Le Roi qui fe fouvenoit des grandes
obligations qu'il lui avoit , & qui l'aimoit dans le fonds , n'ofa le refufer. Il
fut fait véritablement Cardinal l'année
fuivante.

Le Roi , à la priere du Pape avoit envoyé un grand fecours à Candie, fous la
conduite de M. de Beaufort ; ce Prince
fut tué dans une fortie , & il en revint
peu de François. Le Pape pour confoler

le Roi en quelque façon, fit le Duc d'Albret Cardinal, quoiqu'il n'eût encore fait aucune promotion ni pour ses Créatures, ni pour les Têtes couronnées : & de peur de fâcher les Espagnols, il déclara qn'il donneroit aussi un Chapeau hors du rang, à celui que la Reine Regente d'Espagne lui nommeroit. Ce fut le Cardinal Portocarrero. Je raconterai dans la suite les manieres adroites dont le Cardinal de Boüillon se servit pour être Grand Aumónier de France & Abbé de Cluny ; je n'oublierai pas ses malheurs, ses deux exils, ce qui lui a fait manquer l'Evêché de Liege & celui de Strasbourg, & sans l'épargner je dirai ses fautes & ses défauts aussi-bien que ses vertus. En un mot, sa Vie est si fort mêlée avec celle du Roi, qu'il me faudra souvent parler de lui, & j'en dirai la verité, parce que je la sçai. Je l'ai accompagné dans plusieurs de ses Voyages, j'ai été Conclaviste à l'Exaltation du Pape Innocent X I. & sans vanité, il a eu peu de choses cachées pour moi.

Mais je reviens à mes Memoires, ou je me flatte de fourer bien des choses importantes & secrettes. J'ai passé plusieurs années de ma vie avec M. le Prin-

ce & M. de Turenne , Heros , qui tous
deux sçavoient s'humaniser , & ne dé-
daignoient la conversation de personne ;
persuadez que tout habiles qu'ils étoient,
ils pouvoient encore apprendre. Je me
suis trouvé par hazard ami intime de
plusieurs Ministres. Il est vrai que ces
Messieurs ne m'oct jamais revelé les secrets de l'Etat ; mais il est difficile , &
presque impossible, que dans une familiarité continuelle , dans la chaleur de la
conversation, il ne leur échape une infinité de choses ; ils n'ont point dessein
de nous en instruire, mais ils nous les re-
velent souvent sans y penser. Leur cœur
est fait comme les autres cœurs , & il
faut bien qu'il s'ouvre de tems en tems.
Celui de tous qui parle le plus aisément,
c'est M. de Croissy , sans qu'il lui
échape rien qui puisse nuire au service
du Roi. On peut aussi arracher quelque chose de M. de Pompone ; mais
pour M. de Pontchartrain, on tireroit
plûtôt de l'huile d'un mur , il fait mystere de tout , c'est un vrai Bontems.
Enfin je croi être assez bien instruit de
la matiere que j'ai à traiter , & je la
traiterai sans aucune attention ni à la
naissance , ni aux dignitez : je me flatte

même que l'amitié ne pourra rien fur moi, & qu'ayanr toûjours devant les yeux mon devoir & l'urilité du prochain, nulle confideration humaine ne fera capable de me faire prendre à gauche.

Lou1s lui-même tout grand qu'il eft ne me tentera pas. Quelque foible que j'aye à fon égard, la verité me foutiendra, l'amour du vrai triomphera en moi de tous les autres amours. J'avoüe que ce Prince m'a fait du bien, mais je ne l'avois pas merité par mes fervices; tout va fur le compte de mes Parens : car pour moi je le dis à ma confufion, jamais il ne m'a écouté favorablement ; & lorfque je lui ai demandé quelques graces affez legeres, il me les a toutes refufées. Je veux pourtant lui rendre juftice, il n'a pas eu grand tort. Je m'étois donné l'exclufion à moi-même, & ma conduite cachée & irréguliere ne le juftifie que trop à mon égard.

Mais auffi s'il m'a rendu juftice, je fuis en droit de la lui faire à mon tour, & de pefer fon merite dans la balance de la verité. Oüi je protefte que je l'y peferai, & que j'écrirai fans rien craindre tout ce qui eft venu à ma connoifsance ; car je suis persuadé qu'en parlant d'un aussi grand Prince, il faut descendre quelquefois jusqu'aux moindres circonstances. C'est dans ces occasions que les plus petites choses deviennent grandes, & qu'on ne sçauroit jamais trop entrer dans le détail. Les jeux & les amusemens des Heros doivent faire l'instruction & l'entretien perpetuel des hommes.

Je rapporterai, par exemple, jusqu'à ses moindres paroles, parce qu'elles ont toûjours eu un certain sel qui leur donne la force & l'agrément. Il est véritablement Roi de la langue, & peut servir de modéle à l'éloquence Françoise. Les réponses qu'il fait sur le champ effacent les harangues étudiées.

Il dit au Marquis d'Uxelles, qui étoit tout honteux d'avoir rendu Mayence après plus de cinquante jours de tranchée ouverte : *Marquis, vous avez défendu la Place en homme de cœur, & vous avez capitulé en homme d'esprit.*

Il écrivit à M. de la Rochefoucault après l'avoir fait Grand-Maître de la Garde-Robbe : *Je me réjoüis comme vôtre Ami du present que je vous ai fait comme vôtre Maître.* Et le même se plaignant felon fa bonne coûtume de la dureté de fes créanciers : *Eft-ce ma faute,* lui dit le Roi, *que n'en parlez-vous à vos amis ;* & deux heures après lui envoya cinquante mille écus.

Le bon homme Bontemps, toûjours obligeant & défintereffé, lui demandoit une Charge vacante de Gentilhomme Ordinaire pour la famille du mort. *Hé Bontemps !* lui dit le Roi, *demanderez-vous toûjours pour les autres, je donne la Charge à vôtre Fils.*

Je ne finirois pas, fi je mettois ici tout ce qui me revient à la memoire fur un fi beau fujet. Le Roi aime tendrement ceux qui fervent auprès de Sa Majefté, & s'il leur promet quelque grace, il s'en fouvient pour la faire, & l'oublie après l'avoir faite. Il les accable de bienfaits, comme s'ils étoient toûjours dans le befoin. S'ils font des fautes, il les regarde comme des hommes, & lorfqu'il en eft bien fervi, il les traite comme fes amis.

Un jour qu'il s'habilloit, après avoir mis lui-même fes bas, il ne fe trouva point de fouliers. Celui qui en étoit chargé courut les chercher, & fut une demie heure à revenir. Les Courtifans s'impatientoient , le Roi seul paroissoit tranquille. M. de Montauzier en colere voulut gronder le Valet de Garde-Robbe : *Hé ! laissez-le en paix*, dit le Roi, *il est assez faché.*

Une autre fois un de ses Valets de Chambre lui renversa sur sa jambe toute nuë la cire brulante d'une grosse bougie : *Au moins*, lui dit-il, *donnez-moi de l'eau de la Reine de Hongrie.*

Pequilain , depuis Lauzun , emporté par une folle passion , lui manqua de respect , & lui dit insolemment , lui montrant le poing fermé , qu'il ne le serviroit jamais. Le Roi qui sent venir sa colere , jette brusquement par la fenêtre une canne qu'il avoit à la main : *Je serois au desespoir* , dit-il à M. le Tellier qui étoit present , *si j'avois frapé un Gentilhomme.*

Une autrefois le même Lauzun lui répondit fort insolemment : *Ah ! s'écria-il , si je n'étois pas Roi, je me mettrois en colere.*

Le Musicien Gaye dans une débauche avoit dit des sotises de l'Archevêque de Rheims, Maître de la Musique, & de la Chapelle : il se crut perdu , & alla demander pardon au Roi. Quelques jours après l'Archevêque, à qui on avoit rapporté fidélement le mauvais difcours du Muficien, dit à demi-haut en l'entendant chanter à la Meſſe. C'eſt dommage, le pauvre Gaye perd ſa voix : *Vous vous trompez*, reprit le Roi, *il chante bien, mais il parle mal.*

Un de ſes Valets de Chambre le prioit un ſoir de faire recommander à M. le Premier Preſident un Procès qu'il avoit contre ſon beau-pere, & lui diſoit en le preſſant : *Helas ! Sire, vous n'avez qu'à dire une parole.* *Hé* ! lui dit le Roi, *ce n'eſt pas dequoi je ſuis en peine : mais dis-moi, ſi tu étois à la place de ton beau-pere, ſerois-tu bien aiſe que je la diſſe, cette parole ?*

Le Roi eſt ſi grand qu'on peut dire ſans le flatter, qu'il eſt grand-juſques dans la plus petite choſe.

Il ſe vit au comble de la gloire humaine lorſqu'il alla dîner à l'Hôtel de Ville après ſa maladie ; il ſe vit aimé de ſon peuple ; jamais on ne témoigna tant de joye, les acclamations ne finiſſoient point. Il étoit dans ſon caroſſe avec Monſeigneur & la Famille Royale. Cent mille voix crioient, *Vive le Roi.*

J'ai grand peur, dit-il en riant, que quelque mauvais plaisant ne crie auſſi, *Et Bechameil ſon Favori.* Il faut ſe ſouvenir que le peuple étoit alors acharné à faire des couplets ſur Bechameil, qu'on qualifioit toûjours de Favori du Roi.

Le Roi eſt peut-être l'homme de ſon Royaume qui penſe le plus juſte, & qui s'explique le plus agréablement. Il avoit remarqué que Cavoye & Racine ſe promenoient toûjours enſemble. Il les voyoit un jour paſſer ſur la Terraſſe : Cavoye, dit-il à ceux qui étoient auprès de lui, croit devenir bel eſprit, & Racine ſe croira bien-tôt un fin Courtiſan.

Mais je m'arrête tout court, & je trouverai dans la ſuite de ces Memoires aſſez d'occaſions de rapporter les dits mémorables de mon Heros, que j'eſtime tel, malgré les fautes qu'il a faites, & qu'il s'eſt reprochées à lui-même. Ce ſont des ombres & des taches dans le Soleil, qui ne l'empêchent pas d'être le grand Aſtre de lumiere. Par exemple, il a fait deux fautes conſiderables & irréparables. La premiere,

de n'avoir pas passé le Rhin à la nage
après le Comte de Guiche , à la tête
de ses Gardes du Corps. Il y avoit peu
de danger à courre , & une gloire infinie à acquerir. Alexandre & son
Granique n'auroient eu qu'à se cacher. Il est vrai qu'il faut lui rendre
justice ; il le vouloit, mais M. le Prince
qui n'osoit pas mettre le pied dans l'eau
à cause de sa goute, s'y opposa. Comment eût-il osé passer en batteau , le Roi
passant à la nage. J'en suis témoin , j'y
étois present, & même j'eus le plaisir
de faire ce jour là une chose fort agréable au Roi ; je lui fis entendre la Messe.
Il étoit parti la veille à onze heures du
soir : son Armée étoit campée à six
lieuës de là ; il avoit marché toute la
nuit , & n'avoit pris que le détachement
necessaire pour son entreprise. J'étois le
soir par hazard dans la Tente de mon
Frere de Balleroy, lorsqu'il eut ordre de
marcher avec son Regiment. Je le suivis
sans balancer , & sans sçavoir où nous
allions ; mais on voyoit bien que de
partir à onze heures du soir , n'étoit pas
pour aller faire une revûë. Nous nous
trouvâmes à trois heures du matin sur
le bord du Rhin , vis-à-vis le Thollhys.

Je vis le courage du Comte de Guiche.
J'étois à trois pas de Sa Majesté , quand
elle apprit la bleſſure de M. le Prince, &
la mort de M. de Longueville. Elle parut plus touchée de l'une que de l'autre.
Je vis auſſi le petit triomphe de Cavois ,
on l'avoit nommé parmi les morts , & le
Roi lui avoit donné une loüange bien
ſolide, en s'écriant : Ah ! que M. de
Turenne ſera fâché. Mais une demie
heure après on vit un homme à cheval
de l'autre côté du Rhin qui ſe mettoit à
la nage. L'attention fut grande ; on attendoit à tous les momens des nouvelles
de ce qui ſe faiſoit de l'autre côté. Cet
homme paſſa heureuſement,& il ſe trouva que c'étoit Cavois que M. le Prince
envoyoit au Roi. Sa Majeſté fut fort
aiſe de ſa reſurrection ; mais les Courtiſans euſſent bien voulu retenir les
loüanges qu'ils lui avoient données. Enfin , l'affaire étant finie vers les dix heures du matin , le Roi, qui par paren-
theſe , n'a jamais manqué qu'une fois
en ſa vie à entendre la Meſſe , la demanda. Il n'y avoit ni Aumônier , ni
Chapelain ; ils étoient en défaut. L'Abbé de Dangeau & moi nous nous trouvâmes les ſeuls Eccleſiaſtiques de la

Cour ; nous allâmes chercher un Aumônier de Regiment , il nous manquoit un Miſſèl, on en trouva un dans un porte - manteau du Comte d'Ayen ; on dreſſa un Autel , & nous eûmes l'honneur de ſervir le Roi à ſa Meſſe : ainſi je peux parler en cette occaſion comme témoin oculaire.

Mais paſſerai - je ſi legerement ſur la choſe de ma vie qui m'a le plus touché. J'étois ſerviteur , que dis - je ſerviteur , j'étois ami très - particulier de M. de Longueville : je me garderai bien de faire ici ſon portrait , cela ne ſerviroit qu'à renouveller ma douleur. Enfin je le connoiſſois , comme tout le monde , pour le Prince le mieux fait , le plus aimable & le plus magnifique ; mais je ſçavois de plus une partie de ſon ſecret. Nous attendions à tous momens des nouvelles de Pologne , & ſelon les apparences il en devoit être bien-tôt Roi.

J'étois tous les jours avec lui ; je lui avois donné au Siege d'Orſoy une Canne garnie d'or qu'il avoit trouvée à ſon gré ; car il ne faiſoit pas de façon de prendre de petits preſens de ſes amis , bien ſûr de leur en faire bien - tôt de grands. Il y avoit trente heures qu'il

étoit allé en parti du côté de l'Iſel , lorſqu'il arriva au camp fort fatigué. Il
apprit que le Roi étoit parti la nuit
avec ſix mille Chevaux ; ſon courage
lui redonna de la vigueur , il pique à
toute bride & arrive ſur le bord du
Rhin , dans l'inſtant que M. le Prince
montoit dans un batteau pour paſſer de
l'autre côté. J'étois ſur le bord , & ſur
ſon chemin ; il couroit , & ne laiſſa pas
de me dire en paſſant , Adieu l'Abbé ,
je n'ai pas vôtre Canne aujourd'hui. Il
vit que le batteau de M. le Prince déma-
roit , il cria qu'on l'attendît , ou qu'il
s'alloit mettre à la nage. M. le Prince
qui connoiſſoit ſon Neveu , eut peur
qu'il ne fît ce qu'il diſoit , & que ſon
cheval preſque rendu ne le fît noyer. Il
fit retourner à terre , & le prit dans ſon
batteau. On ſçait trop la ſuite. L'ému-
lation & la jalouſie de gloire entre M.
le Duc , & M. de Longueville excite-
rent leur témerité ; & deux heures après
je vis de mes propres yeux le corps de
M. de Longueville que l'on rapporta
ſur un cheval , la tête d'un côté , & les
pieds de l'autre. Des Soldats lui avoient
coupé le petit doigt gauche pour avoir
un diamant. Non , je ne crois pas avoir.

jamais

jamais été , ni pouvoir jamais être auſſi touché que je le fus. Mais ce qui eſt fort ſingulier , j'étois encore jeune , grand joüeur , aſſez peu attaché à mes devoirs Eccleſiaſtiques ; à peine étois-je tonſuré , & cependant j'allai m'enfermer dans une hute de feuilles que mon frere de Balleroy avoit fait faire , & je priai Dieu pour M. de Longueville à genoux, avec des larmes , & une contrition de cœur que je voudrois bien avoir pour mes pechez. Je ne pouvois pas me conſoler en penſant qu'un jeune Prince ambitieux , galant , ſujet à ſes paſſions, avoit été tué tout roide ; & les ſuites d'une éternité malheureuſe me faiſoient tourner la tête. Ces penſées funeſtes me tourmenterent pendant toute la Campagne ; & je ne me remis l'eſprit qu'en apprenant que M. de Longueville, avant que de partir pour l'Armée , avoit fait une Confeſſion generale aux Chartreux , & s'étoit diſpoſé à une mort veritablement Chrétienne.

Mais revenons au Roi. Une autre faute qu'il a faite , encore plus grande que la premiere , c'eſt de n'avoir pas attaqué le Prince d'Orange ſur la Contreſcarpe de Valenciennes , lorſque

les Troupes paſſoient l'Eſcaut , & n'é-
toient qu'à demi paſſées. Le Maréchal
de Lorges ne demandoit que ſix mille
Chevaux pour commencer la déroute
des Ennemis. Le Roi vouloit donner ,
il avoit pris ſes armes à la tête de l'Armée , qu'il avoit lui-même rangée en
bataille ; mais le Maréchal de Schom-
bert , gagné par M. de Louvois , qui
n'aimoit que les actions déciſives , fit
des raiſonnemens ſi longs , qu'il laiſſa
échaper le moment de la victoire , en
donnant le tems au Prince d'Orange de
ſe fortifier ſur la hauteur avec toute ſon
Armée. J'ai oüi dire à un Miniſtre que
le Roi ſe reprochoit ſouvent d'avoir eu
de la foibleſſe dans ces deux occaſions.

Je crois qu'il eſt aſſez à propos, avant
que d'aller plus loin , d'avertir ceux
qui s'amuſeront à lire ces Memoires ,
qu'ils y trouveront une infinité de choſes dont ils feront peut - être fort peu
de cas.

Je laiſſerai tomber de ma plume tout
ce qui me regardera perſonnellement ,
quelque petit qu'il ſoit ; & mes amis y
trouveront auſſi leur place : car pour
des ennemis, graces à Dieu , je n'en ai
point , & n'en eus jamais : & ſi je ſça-

vois quelqu'un qui me voulut du mal , j'irois tout à l'heure lui faire tant d'honnêtetez , tant d'amitiez , qu'il deviendroit mon ami en dépit de lui. C'eſt donc ici un plaiſir innocent que je me propoſe. Quand je ſerai bien vieux , je me ferai lire ces Memoires , & me rajeunirai en quelque ſorte en me rappellant ces tems heureux de la jeuneſſe , où l'on ne ſonge qu'à ſe réjoüir. J'aurai de plus la conſolation de repaſſer dans ma mémoire les actions héroïques d'un des plus grands Rois qui ait jamais été en France : car quoi qu'il ait des défauts comme les autres hommes , & qu'il ait bien fait des fautes en ſa vie , il a en lui tant de grandes qualitez , des vertus ſi ſolides , & il a fait tant de belles choſes , qu'à tout prendre je l'eſtime autant que Charlemagne , ou Philippe - Auguſte. Nous ne voyons preſentement tous ces Héros que de bien loin , ſur la parole des Hiſtoriens , que l'amour ou la haine font ſouvent parler. Pour moi , voici comme je m'y prens pour écrire mes Memoires. J'écris d'abord tout ce que je ſçai par moi - même , & tout ce que ma Mere m'a dit ; enſuite je fais des queſtions aux gens par les mains de

D ij

qui les affaires ont passé , & les faits
sans empressement , avec un air in-
genu , & de simple curiosité. Je fais
parler M. Roze sur le tems du Cardinal Mazarin. J'entretiens M. de Brienne qui a été cinq ou six ans Secretaire
d'Etat , & qui malgré dix-huit ans de
saint Lazare , a encore beaucoup d'esprit & de memoire. Je fais conter à
M. de Pontchartrain ; j'en ai usé ainsi
avec feu Pelisson. Je laisse jaser la bonne femme du Plessis - Bellierre qui ne
radote point. J'ai eu cent conversations avec le vieux Maréchal de Villeroy & avec feu M. le Premier. Je
tire quelquefois une parole du bon
homme Bontems ; j'en tire douze de
Joyeuse , & vingt - cinq de Chamarante , qui est ravi qu'on lui aille tenir
companie. Il n'y a rien qui délie si
bien la langue , que la goute aux pieds ,
& aux mains. Je me sers de ce que
me dit l'un pour faire parler l'autre.
Je compare les diverses leçons, & quand
plusieurs s'accordent sans s'être con-
certez , je crois que c'est la verité. Je
m'apperçois tous les jours que cette
maniere d'apprendre les choses les
plus secrettes est admirable. On ne

se méfie point de moi ; je n'ai point arboré l'étendart d'Historien du Roi. Tout le monde croit que je travaille à l'Histoire de Charles VII. je viens de donner au Public Charles V I. Je ferai filler son Successeur cinq ou six ans après. Chacun me donne des memoires sur le Comte de Dunois, & sur la belle Agnès, & je les mets dans le sac ; j'en parle exprès dans les assemblées de l'Abbé de Dangeau, mais lorsque je tiens quelque bon Auteur contemporain, quelque Roze, quelque Chamarante, qui peut me montrer ce que je cherche, j'en tire toûjours quelque chose sans paroître m'en soucier. L'autre jour M. Roze me contoit les particularitez de la mort de M le Cardinal Mazarin. Je l'interrompis pour lui parler de la Pucelle d'Orleans : Ah ! me dit-il, M Racine voudroit bien être ici, il m'a mis plusieurs fois sur les voïes, mais je ne lui ai jamais rien voulu dire. J'ai bien affaire qu'il m'aille citer à tort & à travers. Je me mis à rire de lui, & lui contai une avanture Siamoise ; mais dès que je fus sortis de chez lui, j'écrivis sur mes Tablettes tout ce qu'il m'avoit dit du

Cardinal. Je n'écris jamais que les choses qui se sont passées il y a au moins quinze ans. Tous mes amis sont bons Courtisans , & n'oseroient rien dire du present , ni de ce qui en approche : mais dès que cela s'éloigne un peu , ils ne font plus un mystere de relever les choses les plus secrettes , persuadez qu'il n'y a plus de danger pour eux. Au reste quand celui avec qui je cause sort de mon sujet , & me conte quelque fait curieux , je ne laisse pas de l'enchasser. Par exemple , M. l'Abbé de Dangeau , qui sçai le passé , le present & l'avenir me conta hier en trente paroles un trait de l'histoire du Marquis d'Ancre , qui me parut digne d'être écrit , le voici.

Conchini , Gentilhomme Florentin , étoit venu en France avec la Reine Marie de Medicis. Il étoit amoureux , ou feignoit de l'être de Madame Eleonor Galigay , Femme de Chambre de la Reine & sa Confidente. La Cour étoit à Fontainebleau après la mort de Henri I V. Conchini en allant à Paris logea un soir à Melun chez le Procureur du Roi nommé M. Barbin. Ils firent connoissance & amitié. Barbin lui offrit fa maifon & un beau jardin pour y regaler Madame Eleonor. Il l'accepta, les Amans s'y virent plufieurs fois ; ils fe marierent enfuite au commencement de la Regence.

Conchini acheta le Marquifat d'Ancre, & devint Premier Miniftre. Il fe fouvint dans fa gloire de fon ami M. Barbin, & le propofa à la Reine pour avoir foin des Finances, fous le titre de Controlleur General. M. Barbin maître des Finances fe fouvint de fon ami Boutillier Avocat, qui pendant qu'il n'étoit que Procureur du Roi de Melun, lui donnoit une Chambre chez lui quand il alloit à Paris. L'Avocat Boutillier avoit un fils habile qui vint à la Cour fous la protection de M. Barbin. Il vola bien-tôt de fes propres aîles, & par fon merite devint Secretaire d'Etat. C'eft le grand-pere de l'Evêque de Troyes. D'autre côté cet Avocat Boutillier avoit été Clerc du vieux Avocat de la Porte, qui l'avoit fort bien traité. Cet Avocat de la Porte étoit fils d'un Apoticaire de Partenai en Poitou, à qui le peuple avoit donné le nom de la Porte, à caufe que fa boutique étoit fur la Porte

de la Ville. Il étoit venu à Paris fort
jeune , & par son esprit & sa profonde
capacité ; il étoit devenu un des plus
fameux Avocats de son tems. Il avoit
fait gagner une Cause importante à
Messieurs de Malte , qui par reconnoissance reçurent son fils Chevalier
sans faire de preuve , & ce fut le Grand
Prieur de la Porte. Son fils aîné se nomma M. de la Meilleraie , & son petit-
fils fut le Marquis , depuis Maréchal
de la Meilleraie. M. Boutillier contribua d'abord à l'avancement du Marquis de la Melleraie ; mais ayant fait
connoître à la Reine le Protonotaire
du Plessis , fils d'une la Porte , ce petit
Protonotaire devint bien - tôt le plus
puissant & fit la fortune des autres ;
c'est le Cardinal de Richelieu. Il poussa
dans la Guerre le Maréchal de la Melleraie son cousin germain , & M. Boutillier dans la Finance. Le Cardinal
étoit ami intime de Madame Boutillier , & traitoit M. de Chavigni son
fils comme s'il eût été le sien. Cela
me fait souvenir d'une avanture presque semblable qui amena mon grand-
pere à la Cour de Henri III. Il n'é-
toit pas fort riche , & revenoit d'une

petite

petite Terre qu'il avoit en Norman-
die , nommé Balleroy. Etant arrivé à
Meulan , le Marquis d'O , alors Sur-
intendant des Finances , arriva en même tems dans l'Hôtellerie : ils font con-
noiſſance , ſoupent enſemble , joüent
aux échets ; mon grand - pere qui n'é-
toit brin ſot , ſe laiſſe donner mat. Le
Sur-intendant le trouve fort à ſon gré ,
& l'employa depuis dans les plus grandes affaires , ſans que ſon nom parût
jamais dans aucun Traité. Ses ennemis l'attaquerent à la Chambre de Juſtice de 1664. mais il fut déchargé
abſolument , & ne paya aucune taxe.
Les Rois Henri III. & Henri IV. l'a-
voient fait Conſeiller d'Etat , l'aimoient
fort , & l'admettoient à leurs jeux , &
dans leurs divertiſſemens particuliers ,
à ce que dit M. de Baſſompierre. Il a
conté pluſieurs fois cette avanture à
M. de Caumartin Conſeiller d'Etat ,
qui étoit ſon petit - fils , auſſi - bien que
moi.

Après ce petit écart , qu'on me par-
donnera ſi l'on veut , j'avertis que ſi
dans ces Memoires je ne flatte point le
Roi , je ne me flatterai point non plus.
Je ne dirai pas que je ſuis une bête ,

me croiroit-on ? mais j'avouërai que j'ai eu une fort mauvaise conduite , & qu'il n'a tenu qu'à moi de faire une fortune considerable : Dieu ne l'a pas permis , je me serois perdu dans les grand'es élevations ; & d'ailleurs à la mort j'aurois à en rendre un plus grand compte. Je n'aurai à répondre que de moi. Je dirai seulement pour ma justification , que ma Mere par une fausse tendresse , m'a élevé comme une Demoiselle. Le moyen de faire après cela un grand homme. Je vous avois averti , mon cher Lecteur , que je parlerois de moi jusqu'au déboire. Tenez-vous - en là , n'allez pas plus loin , je suis un peu jaseur la plume à la main ; vous sentez bien que je ne fais pas grande façon , & que je ne songe guere à ce que j'ai à vous dire. Je vous promets pourtant bien sérieusement de vous entretenir presque toûjours du Roi , ce sera ma basse continuë ; & si de tems en tems vous me trouvez en quelque coin , passez par-dessus : comme je ne me contrains pas pour vous , je vous conseille de ne vous pas contraindre pour moi.

Je vais donc peindre L o u i s dans

ſon plus beau point de vûë ; & je commencerai ſon Hiſtoire à la mort du Cardinal Mazarin, lorſqu'à l'âge de vingt-deux ans, il ſe chargea du Gouvernement, & n'en fut point embaraſſé. Son eſprit caché juſques-là ſous les dehors modeſtes d'une bonté ingenuë, ſe declara tout entier. Il changea l'ordre dans les affaires, ſe choiſit des Miniſtres, forma des Conſeils reglez, & ſe donna par là une capacité à laquelle on n'avoit pas lieu de s'attendre. Il avoit paſſé ſon enfance dans les jeux & dans les plaiſirs ; la Reine ſa Mere s'étoit peu miſe en peine de ſon éducation. Ses Gouverneurs, ſes Précepteurs l'avoient preſque abandonné à lui-même ; il ne ſçavoit, à proprement parler, que ce que la Nature lui avoit appris. L'étude lui faiſoit de la peine, comme elle en fait à tous les enfans : mais au lieu de le contraindre comme les autres, on le flattoit dans toutes ſes inclinations, qui heureuſement pour lui & pour nous, ſe ſont trouvées bonnes, douces & bienfaiſantes.

On voit pourtant une Traduction d'une partie des Commentaires de Cefar , par L o u i s X I V. Roi de France. Il n'y avoit que fur le chapitre de la Religion qu'on ne lui pardonnoit rien : & parce qu'un jour la Reine Mere , alors Regente , l'entendit jurer (le petit Manicamp , qui a foutenu toute fa vie le même caractere , lui avoit perfuadé que c'étoit - là le bon air) elle le fit mettre en prifon dans fa chambre , où il fut deux jours fans voir perfonne ; & lui fit tant d'horreur d'un crime , qui va infulter Dieu jufques dans le Ciel , qu'il n'y eft prefque jamais retombé depuis ; & qu'à fon exemple le Blafphême a été aboli parmi les Courtifans , qui en faifoient alors vanité. On lui avoit infpiré , dès fes premieres années , ces principes folides de Pieté. Ils fe placerent , ils fe graverent dans le fond de fon cœur ; & fi dans la fuite de fa vie l'ardeur de l'âge l'a fait ceder quelquefois à fes paffions , ces premieres impreffions du Bien font demeurées inébranlablement dans fon cœur. Il a toûjours confervé du refpect pour la Religion ; & plus d'une fois , au fcandale du petit peuple , mais à l'édification des gens fages & éclairez, il a mieux aimé s'éloigner des faints &

ſacrez Myſteres , quoique la Politique en murmurât , que de s'en approcher indignement.

Mais pour revenir au tems de l'enfance, le Cardinal Mazarin l'avoit gouverné avec un pouvoir abſolu.

Jules Mazarin , né à Rome , originaire de Sicile , étoit d'une naiſſance aſſez obſcure , qu'il ne ſe ſoucia jamais de relever par des chimeres généalogiques. Il avoit fait ſes premieres études à Rome , & ſon cours de Philoſophie , de Theologie & de Droit Canon à Salamanque en Eſpagne. Il prit d'abord la profeſſion des Armes , & devint Capitaine d'Infanterie dans l'Etat de Milan. On fit la Treve de la Valteline , pendant laquelle il acquit aiſément la familiarité des Generaux François & des Eſpagnols. Egalement eſtimé & des uns & des autres , il fit amitié depuis avec M. le Tellier Intendant de l'Armée de France , qui lui prêta dix mille écus. Cet argent fut rendu au centuple.

M. de Caumartin Intendant des Finances , m'a conté qu'il avoit oüi M. le Tellier , depuis qu'il étoit Chancelier , plaiſanter ſa femme ſur ces dix mille écus qu'il avoit prêtez à M. de Mazarin contre son avis , & qu'elle avoit crû long-tems fort avanturez.

Mazarin quitta l'épée quelque tems après , prit l'habit Ecclesiastique ; & se trouvant auprès de Pancizole , Nonce du Pape , il se rendit fort agréable aux François , en persuadant aux Espagnols de lever le Siege de Cazal. Il fit alors tout ce que l'on peut attendre de la plus profonde capacité. Il suspendit , il charma la fureur des deux Armées en presence & prêtes à combattre ; & montra dans cette occasion célebre jusqu'où peut aller la force de la parole. Il écrivoit encore plus agréablement qu'il ne parloit , à cause de l'accent Italien , dont il ne put jamais se défaire , & mettoit en œuvre toute la délicatesse de la Langue Françoise : on le peut voir dans les Lettres qu'il écrivoit au Roi dans les Conferences de la Paix. Elles sont imprimées.

Après l'affaire de Cazal , il fut Vice-Legat d'Avignon ,& Nonce en France , où le Cardinal de Richelieu lui trouvant un beau génie , quoique fort audessous du sien , le fit Cardinal. J'ai oüi conter à M. le Premier la maniere bizarre dont cela fe fit ; voici comment.

Le Pere Joſeph Capucin , qui avoit la Nomination de France étant mort , le Cardinal de Richelieu demanda à M. de Chavigni Secretaire d'Etat des Affaires Etrangeres , ſur qui il étoit d'avis qu'il fît tomber cette grace. Chavigni lui propoſa Jules Mazarin ſon ami : mais le Cardinal le rejetta d'abord , & même avec des paroles de mépris. Chavigni inſiſta , & le Cardinal preſſé lui dit , nous verrons donc une autre fois. Là-deſſus Chavigni fit toutes les Dépêches au nom du Roi en faveur de Mazarin, les envoya à Rome , & engagea l'affaire. A quelques jours de là , le Cardinal lui en parla : mais Chavigni lui dit que c'étoit une affaire faite , qu'il en avoit écrit au Pape ; & ſoutint toûjours que le Cardinal lui en avoit donné l'ordre. Il prenoit de ces ſortes de libertez - là avec Son Eminence , qui avoit pour lui une tendreſſe & une foibleſſe de pere. Le Cardinal Mazarin fut bien-tôt Premier Miniſtre , & prit des manieres fort differentes de celles de ſon Predeceſſeur.

E iiij

Richelieu né pour commander aux autres hommes ; ami génereux, cruel ennemi, avoit sur la même table son Breviaire & Machiavel. Il contribua par son argent, & par ses conseils au soulevement de Portugal ; il fomenta les Guerres Civiles d'Angleterre, moins par Politique d'Etat, que par animosité particuliere. Il abaissa la Maison d'Autriche, & la mit hors d'état d'aspirer à la Monarchie Universelle. Il triompha des Huguenots par la prise de la Rochelle ; & au milieu de tant d'affaires il eut moins à craindre les ennemis du dehors que ceux du dedans. Toûjours en garde contre les Favoris qui révoltoient l'esprit du Roi contre lui ; le petit Coucher du Roi, disoit-il, me fait plus de peine que toute l'Europe. Il humilia les Seigneurs, il fit obéïr les Parlemens, il emprisonna les Princes, il fit exiler le Frere du Roi, heritier présomptif de la Couronne ; il vit mourir la Reine Mere son ennemie au Païs étranger ; il traita la Reine Regnante avec dureté, & presqu'en criminelle. Enfin il domina l'esprit de son Maître, qui l'estimoit, qui le craignoit, & qui ne l'aimoit pas, par

la terreur qu'il lui infpiroit : jufques-
là qu'il fut le premier à chanter avec
fes Valets de Chambre les Vaudevilles
que le peuple fit fur la mort de ce grand
Miniftre.

Je m'apperçois que je viens de dire
deux chofes dans le portrait du Cardinal de Richelieu qui meritent d'être
prouvées : L'une , qu'il a fomenté les
Guerres Civiles d'Angleterre : L'autre ,
que Loüis XIII. le craignoit plus qu'il
ne l'aimoit. Je prouve la premiere par
une Lettre du Cardinal au Comte d'Ef-
trades Ambaffadeur de France en Angleterre en 1637. où après l'avoir
remercié des foins inutiles qu'il avoit
pris pour le racommoder avec la Reine,
il ajoûte ces mots : *On connoîtra bien-*
tôt qu'on ne doit pas me méprifer ; & en
effet dans ce tems - là commencerent les
troubles d'Ecoffe , qui peu à peu conduifirent le Roi d'Angleterre fur l'é-
chaffaut. L'autre marque les voyes dé-
tournées dont le Cardinal fe fervoit
pour forcer le Roi à le laiffer dans le
Miniftere.

Après que M. le Grand eut été arrêté , le Prince d'Orange , à la priere
du Cardinal , écrivit au Roi qu'il alloit

songer à faire son accommodement avec l'Espagne , puisque Sa Majesté alloit changer de Ministre , & mettre ses affaires entre les mains de gens qui ne seroient pas affectionnez à la cause commune , comme le Cardinal l'avoit toujours été. Il ajoûta que si l'attentat de M. le Grand demeuroit impuni , les Alliez de la France ne pouvoient plus prendre de liaisons avec un Ministre mé-prisé.

Le Roi eut peur , fit couper le cou à M. le Grand , & rendit toute son autorité au Cardinal. Ma Mere m'a dit que le bon homme la Vrilliere Secretaire d'Etat lui avoit conté qu'étant allé porter au Cardinal de Richelieu la nouvelle du Combat de Castelnaudari , & de la prise de Montmorenci , le Cardinal avoit fait un signe de la main comme voulant faire couper le cou au Prisonnier ; & que s'étant apperçu que la Vrilliere auroit pû le remarquer il lui avoit dit , M. de Montmorenci est de mes amis , je lui laverai bien la tête. Son premier signe avoit été fort naturel.Il avoit fait Puy-Laurens Duc,& lui avoit fait épouser sa niece dans l'esperance qu'il porteroit feu Monsieur Gaston à quitter la Princesse Marguerite de Lorraine ; mais voyant qu'il ne le pouvoit, ou ne le vouloit pas , il l'envoya à Vincennes où il mourut fort brusquement ; & il remaria sa Niece au Comte d'Harcourt.

Mazarin qui prit la place de Richelieu , ne prit pas sa maniere de gouverner. Etranger , sans appui, & d'ailleurs d'un esprit plus doux ; il crut se devoir servir de finesse & de dissimulation.

Le Cardinal de Sainte Cecile son frere, disoit souvent, *Il mio fratello eun coione, fate rumore, egli havra paura.*

Il fit ouvrir les Prisons , le Duc d'Elbœuf , & le Duc de la Valette y étoient depuis dix ans entre la vie & la mort. Il reconcilia le Duc d'Orleans avec le Roi , & s'appliqua sur toutes choses , à gagner les bonnes graces de la Reine. Il crut même devoir ceder au naturel impetueux du Duc d'Enguien , qui a été depuis le grand Condé. Ce Prince fier de la bataille de Rocroi & de la prise de Thionville , ne vouloit plus ceder aux Cardinaux. Il se souvenoit avec chagrin , que le Prince de Condé son pere voulant faire plaisir au Cardinal de Richelieu , lui avoit fait faire deux cens

lieuës , pour aller rendre une visite au
Cardinal de Lyon , qui chez lui ne lui
donna pas la main. Il croyoit que les
tems d'abaissement étoient passez ; &
menaçoit hautement de faire une insulte
au Cardinal Mazarin , qui consentit enfin à n'avoir la préséance que dans les
Eglises. Il traita le Duc de Beaufort avec
plus de hauteur ; & le voyant devenu
insolent depuis que la Reine à la mort
du Roi lui avoit confié la garde de ses
Enfans , ne craignant d'ailleurs , ni son
esprit , ni sa capacité , il le fit mettre à
Vincennes.

Il fit depuis une action encore plus
hardie , quand il fit arrêter les Princes
de Condé & de Conti , & M. de Longueville. Il concerta la chose avec la
Reine Mere long-tems avant que de l'é-
xecuter ; & ne l'osa faire sans la partici-
pation de Monsieur. Madame de Chevreuse le chargea de l'y faire consentir.
Monsieur promit même de n'en rien dire
à l'Abbé de la Riviere son favori , parce
que M. le Prince l'avoit gagné , en lui
promettant que M. le Prince de Conti
ne le troubleroit point à sa nomination
au Cardinalat.

Le Cardinal s'étant assuré de Mon-

fieur , fit rendre un billet à M. le Prince, par lequel on l'avertiffoit que le
Coadjuteur de Paris , le Duc de Beaufort, & les autres Frondeurs le vouloient
faire affaffiner fur le Pont-neuf. M. le
Prince montra ce billet à la Reine , &
par fon confeil, envoya fon caroffe fur
le Pont-neuf, les rideaux fermez. Auffi-
tôt cinq ou fix hommes à cheval tirerent
trois ou quatre coups de moufquetons
dans le caroffe , & blefferent un laquais.
M. le Prince convaincu qu'on vouloit
l'affaffiner , rompit toutes les liaifons
qu'il avoit avec les Frondeurs, & demanda juftice au Parlement. Ce fut
alors qu'on vit plufieurs jours dans la
Grand-Salle du Palais M. le Prince d'un
côté , fuivi de Maréchaux de France &
de Lieutenans Generaux ; & de l'autre
le Coadjuteur entouré de fes braves. Ils
faifoient une haye pour laiffer paffer les
Confeillers ; & trois ou quatre fois ils
furent prêt à mettre l'épée à la main fur
quelques paroles indifcrettes , & à s'en-
trégorger. Un jour entre autres , M.
le Prince en montant les degrez de la
fainte Chapelle , reconnut un Chevau-
Leger en habit gris ; il lui demanda,
que fais-tu là ? Le Chevau-Leger fit d'a-

bord quelques difficultez de répondre ; & puis ne pouvant soutenir la présence d'un Prince du Sang , il lui avoüa que toute la Compagnie étoit là ; qu'ils avoient ordre d'obéir à M. de Fosseuse , & que le mot de ralliement étoit *Sainte Marie.*

La Reine ne vouloit pas que M. le Prince accablât les Frondeurs. Il n'étoit déja que trop insolent. M. le Prince poursuivit son chemin, entra à la Grand-Chambre ; & quand il eut pris place : Messieurs, leur dit-il , j'ai vû des Gens de Guerre dans le Palais , ils ont un mot de Ralliement ; je ne croïois pas en venant ici venir à l'occasion : Mais , ajoùta-t-il , y a-t-il donc ici quelqu'un qui m'ose disputer le haut du pavé. A cette parole le Coadjuteur ôta son bonnet , & dit tout haut : Il n'y a personne qui dispute le pavé à M. le Prince ; mais quand on l'a on le garde. Alors M. le Prince dit : Messieurs , je vais faire voir le respect que j'ai pour le Parlement. Je vais renvoyer tous ceux qui m'ont accompagné. Allez , Monsieur , dit-il à M. de la Rochefoucault , allez dire à mes amis qu'ils s'en retournent tous à l'Hotel de Condé , & qu'il ne res-

te avec moi que mes Pages & mes Laquais. M. de la Rochefoucault sortit
aussi-tôt de sa place & passa dans la
Grand-Salle , où il donna l'ordre de
M. le Prince.

Le Coadjuteur dit en même-tems :
Je m'en vais renvoyer aussi tous mes
amis , & sortit aussi de la Grand-Salle.
Mais comme il voulut rentrer dans la
Grand-Chambre , & qu'il avoit avancé
la tête & le bras pour passer par la porte,
qui étoit entre-ouverte , M. de la Rochefoucault qui étoit déja rentré, la
poussa rudement , & mit la barre derriere. Ainsi le Coadjuteur se trouva pris
& fort serré dans la porte , sans pouvoir
avancer , ni reculer. Il y demeura un
Miserere , entendant de ses oreilles dans
la Grand-Salle un Tailleur nommé Pê-
che , qui le menaçoit de lui donner
cents coups de poignard. Mais heureuse-
ment pour lui , un Bourgeois se mit devant la porte , & le cachoit avec son
manteau. Il y seroit resté plus long-tems
sans M. de Champlatreux , fils du premier Président Molé , qui étant venu par
hazard à la porte pour sortir , le vit en
cet état-là , leva vite la barre , & le fit
entrer.

Le Coadjuteur pâle comme la mort ,
se mit à sa place , conta son avanture,
& dit plusieurs fois : Messieurs , il n'a
pas tenu à M. de la Rochefoucault que
je n'aye été assassiné. Puis se tournant
vers le Premier Président , c'est à M.
vôtre fils , lui dit-il , que je dois la vie;
& depuis ce tems-là le Coadjuteur eut
une grande reconnoissance pour M. de
Champlatreux , dont l'action avoit été
d'autant plus belle, qu'il étoit alors absolument dans les interêts de M. le Prince.

Le Coadjuteur m'a conté toutes ces
particularitez à Rome dans le Conclave;
il avoit la goute , & je lui tenois compagnie ; & quoiqu'il exagerât souvent dans ses récits ; ce fait est veritable & attesté par tout le monde. Les
choses en étoient-là , lorsqu'on jugea au
Parlement un petit Incident pour l'instruction du Procès entre M. le Prince &
les Frondeurs. L'affaire fut fort disputée , & passa de cinq ou six voix à l'a-
vantage de M. le Prince. Cela fit faire
de grandes reflexions au Cardinal Mazarin. Il étoit fort fatigué des demandes
éternelles de M. le Prince , qui ne
croyoit pas que le Cardinal osât lui rien
refuser , après le service important qu'il

lui

lui avoit rendu en le ramenant à Paris en triomphe. Il vouloit être Connêtable, & faire donner à ſes amis toutes les Charges & tous les Gouvernemens ; le le Cardinal n'y pouvoit point ſuffire.

Madame de Chevreuſe s'en étant ap‑perçuë, lui fit comprendre qu'il ſeroit le maître abſolu, s'il ſe vouloit racommoder avec les Frondeurs. Il lui donna pouvoir de traiter avec eux. Elle en parla dès le même ſoir au Coadjuteur, & à Mademoiſelle de Chevreuſe ſa fille, qui appellerent M. de Caumartin à leur conſeil. Ils arrêterent de n'en pas dire un mot à M. de Beaufort, de peur qu'il ne le dit à Madame de Montbazon, dont il étoit amoureux, & que par‑là la mine ne vînt à être éventée. La négociation dura trois ſemaines, & cinq ou ſix jours de ſuite le Coadjuteur accompagné du ſeul Caumartin, ſe rendit à minuit à la Barriere des Sergens de la ruë ſaint Honoré, où Gabouri en manteau gris, les venoit prendre, les faiſoit paſſer par une maiſon qui traverſoit de la ruë des petits Champs dans celle des bons Enfans. Ils entroient au Palais Royal, & par un petit degré ſe trouvoient dans l'Oratoire de la Reine, où

le Cardinal ne manquoit pas de se rendre. Ils convinrent de leurs faits, le
Coadjuteur fit le genereux, & ne demanda rien pour lui ; mais il exigea
qu'on donneroit à M. de Vendôme la
Charge d'Admiral, & la survivance
à M. de Beaufort.

Le Cardinal s'étant assuré des Frondeurs & de leurs amis, crut que rien
ne s'opposeroit à son entreprise, & résolut de l'executer. Les trois Princes ne
se trouvoient jamais ensemble en un
même lieu, de peur qu'on ne les prît
d'un coup de filet. Condé & Conti
étoient à Paris; Longueville étoit à Chail-
lot, sous pretexte d'y prendre les eaux.
Il demandoit à la Reine le Pont de l'Ar-
che. Il envoya un matin Priolo pour
presser M. le Cardinal, & lui demander quand la Reine voudroit lui donner
audience. Rose Secretaire du Cardinal
fit entrer Priolo. Le Cardinal lui dit que
la Reine étoit fort incommodée, qu'elle
ne tiendroit pas Conseil ce jour-là ; mais
que M. de Longueville pourroit la venir
voir, & qu'elle étoit disposée à lui faire plaisir. Longueville vint l'aprèsdinée,
& dès qu'il fut au Louvre, la Reine
manda aux Princes de Condé & de Con-

ti, qu'elle alloit tenir Conseil sur le champ. Ils arriverent un moment après sans penser à M. de Longueville, qui y étoit déja. Ils trouverent dans le grand Cabinet de la Reine le Cardinal, qui leur dit qu'il alloit faire une petite Dépêche, & revenir aussi-tôt. Le Chancelier Seguier, M. le Tellier, & M. Servien étoient dans le Cabinet. Dès que le Cardinal fut sorti, Guitaut Capitaine des Gardes de la Reine, Comminges son neveu, & la Ralliere Lieutenant des Gardes de la Reine y entrerent, & allerent faire à chacun des Princes un compliment fort respectueux, en les arrêtant de la part du Roi.

M. le Prince fort émû, dit qu'au moins il vouloit dire un mot à la Reine. Le Chancelier entra dans le Cabinet, & en sortit un moment aprés pour lui dire que la Reine ne pouvoit pas lui parler. Alors il dit à Guitaut, par où faut-il aller? Guitaut ouvrit une petite porte au bout de la petite Galerie, & lui montra un escalier dérobé fort obscur, sur lequel il y avoit des Gardes avec la carabine haute. M. le Prince en les voyant, dit : Guitaut, ceci à bien l'air des Etats de Blois : Non, non,

Monseigneur , lui répondit Guitaut ,
si cela étoit, je ne m'en mêlerois pas.
Les trois Princes descendirent , & mon-
terent tous trois dans le même carosse ,
qui les conduisit à la Porte de Richelieu,
où le Comte de Miossens , Lieutenant
des Gendarmes , les attendoit avec sa
Compagnie. Il les mena à Vincennes ,
& en eut le Bâton de Maréchal de France ; c'est le Maréchal d'Albret. Le carosse rompit en chemin , il n'y avoit
pour les escorter que quatorze Gendarmes. M. le Prince pendant qu'on racom-
modoit le carosse , dit tout bas à Miossens : Voici une belle occasion pour un
Cadet de Gascogne. Il repondit : Monseigneur, mon devoir ... Ah ! je ne vous
en prie pas , interrompit M. le Prince.

Il avoit donné à souper quelques
jours auparavant au Cardinal. Son
Eminence avoit été de fort bonne humeur , buvant & joüant comme les autres. Et même la veille , M. le Prince
le vint voir , & lui dit , qu'on l'avoit
averti de plusieurs endroits, que depuis quelques jours il avoit des conferences avec le Coadjuteur. Le Cardinal lui répondit en riant : Si vous
sçaviez comme il a bonne mine , ce

Coadjuteur , avec un habit de velours
vert en broderie d'or , & un bouquet
de plumes incarnat & blanc ; & tourna toûjours la chose en plaisanterie : &
dans le vrai , le Cardinal de Retz
avoit un petit grain dans la tête.

Il aimoit sur ses vieux jours à conter les avantures de sa jeunesse , qu'il
ornoit un peu de merveilleux. Il disoit
un jour , qu'il n'avoit fait la guerre de
Paris , que pour épouser la Maréchale
de la Meilleraie , dont il étoit amoureux. Le vieux Maréchal vivoit encore ;
mais il devoit mourir bien-tôt. Il est
vrai qu'il étoit Coadjuteur de Paris ,
Archevêque de Corinthe , & Prêtre :
mais il croyoit en bouleversant l'Etat se
rendre si considerable , que le Pape
n'eût osé lui refuser toutes dispenses.
Cela est bien fou.

Il étoit à Rome , où il s'étoit sauvé
après sa prison , lorsque le Pere du Cardinal Mazarin y mourut. Il fit mettre
dans la Gazette de Rome : Nous ap-
prenons par les avis de Paris , que le
Seigneur *Pietre Mazarin* est mort en
cette Ville. Cela me fait souvenir d'un
mot de M. de Mortemart. Il n'étoit pas
content du Cardinal Mazarin , non

plus que M. de Liancourt ; & ils ne lui rendoient aucuns devoirs. Néanmoins à la mort de son Pere, M. de Liancourt, plus poli que Mortemart, lui proposa d'aller rendre une visite au Cardinal : Il est fort affligé, lui disoit-il : Il a raison, reprit Mortemart, c'est peut-être le seul homme qui pouvoit mourir sans qu'il en heritât.

Mais pour revenir à M. le Prince, il se laissa endormir par le Cardinal Mazarin ; & même lui dit qu'on l'avoit averti que la Reine le vouloit arrêter. Le Cardinal se mit encore à rire ; & puis prenant son serieux, il lui dit, qu'il vouloit lui donner une marque de confiance, en lui apprenant, que les petits mouvemens dont on s'étoit apperçu à la Cour, ne se faisoient que pour prendre ceux qui l'avoient voulu assassiner ; que Parrain des Coutures, soupçonnez d'en être, étoit caché auprés de la Porte Montmartre ; & que pour ne le pas manquer, les Gendarmes avoient ordre de s'assembler le lendemain hors la Porte de Richelieu, sous prétexte d'une Revûë. M. le Prince le crut bonnement ; & répondit toute la journée aux donneurs d'avis, qu'il sçavoit le deſſous des cartes.

La veille que les Princes furent arrêtez, la Reine envoya le Tellier dire à M. le Prince, qu'elle le regardoit comme ſon troiſiéme Fils ; & qu'après ce qu'il avoit fait pour l'Etat, la Charge de Connêtable étoit dûë à ſes ſervices : mais qu'elle croyoit qu'il falloit attendre la Majorité du Roi pour faire la choſe avec plus de ſûreté.

Dès que les trois Princes furent entrez dans le Palais Royal, & qu'on en eut fermé toutes les portes, Madame de Chevreuſe en fut avertie. Elle avoit donné à diner à M. de Beaufort : elle lui dit auſſi-tôt en preſence de ſa fille & du Coadjuteur : Vous voyez, Monſieur, comme M. le Prince vous traite. Si le Cardinal le mettoit dans la même cache où il vous a mis autrefois, lui pardonneriez - vous ? Je l'aimerois de tout mon cœur, s'écria M. de Beaufort. Oh ! bien, Monſieur, lui dit le Coadjuteur, aimez - le donc, M. le Prince eſt ſur le chemin de Vincennes ; & de plus vous êtes Amiral.

Feu M. le Premier m'a dit que les Princes pendant leur priſon, vivoient d'une maniere fort differente. M. de

Longueville ne disoit mot ; le Prince de Conti étoit presque toûjours dans son lit ; M. le Prince, chantoit, juroit, entendoit la Messe tous les matins, joüioit au volant, & lisoit beaucoup. On dit aussi que le Prince de Conti ayant demandé à M. des Barres qui le gardoit, l'Imitation de Jesus - Christ pour se consoler, M. le Prince lui dit en même tems ; Et moi je vous demande l'Imitation de M. de Beaufort, afin que je me puisse sauver d'ici comme il fit il y a deux ans.

Les choses changerent de face encore plus d'une fois. Le Coadjuteur étant devenu Cardinal de Retz, augmenta de pouvoir & d'insolence. J'en rapporterai seulement un petit trait.

Le Roi étoit rentré dans Paris aux acclamations du Peuple, qui se lassoit de la Guerre. Tout paroissoit tranquile & soûmis. M. le Prince avoit pris la campagne, & Monsieur cantonné dans son Palais de Luxembourg, étoit resolu de se retirer à Blois, lorsque le Cardinal de Retz le vint trouver à six heures du soir, & lui dit, qu'au lieu de fuïr devant le Cardinal Mazarin, il pouvoit encore être le maître, s'il vouloit ;

vouloit ; qu'il n'avoit qu'à donner l'ordre publiquement à ſes Gendarmes ,
& à ſes Chevaux - Legers de ſe trouver le lendemain à ſept heures du matin à la porte de Luxembourg pour aller à Blois , & qu'au lieu d'en prendre
le chemin , il n'avoit qu'à venir entendre la Meſſe à ſaint Euſtache ; qu'il
lui répondoit qu'en un quart d'heure
toute la Ville prendroit les armes , feroit des Barricades , & aſſiegeroit la
Cour dans le Louvre. Monſieur ſuivant ſon naturel timide & inquiet ,
étoit fort incertain de ſon parti : mais
Madame plus hardie le détermina. Il
promit d'aller le lendemain matin à
la Meſſe de ſaint Euſtache , & de faire
encore ce coup de vigueur. Auſſi - tôt
le Cardinal de Retz partit de la main ,
& courut toute la nuit chez ſes amis
diſpoſer toutes choſes pour commencer les Barricades dans les Halles , dès
que Monſieur paroîtroit à ſaint Euſtache. Les Harangeres donnerent parole de faire beau bruit : mais à cinq
heures du matin on lui vint dire que
Monſieur étoit parti pour Blois ; & ſe
voyant ſeul il fut obligé de donner un
contre-ordre , & de demeurer en re-

pos. Il se douta bien qu'il y auroit quelque traître parmi ses amis ; & que son entreprise avortée viendroit à la connoissance de la Cour. Il hésita quelques momens s'il se retireroit : mais enfin prenant courage il alla à la Messe du Roi à l'ordinaire , & se donna à l'exterieur un air de fermeté & d'innocence , qu'il croyoit capable de le sauver. Il se trompa , & trois jours après il fut arrêté & mis à Vincennes.

M. de Caumartin m'a conté , que tous ses amis craignant qu'on ne l'empoisonnât , tinrent un petit conseil pour imaginer les moyens de lui faire tenir du contre-poison. Madame de Lesdiguieres se chargea de la commission ; le Marquis de Villequier , presentement Duc d'Aumont , faisoit l'amoureux d'elle. Il étoit Capitaine des Gardes du Corps. Elle s'adressa à lui , & le pria de faire donner au Cardinal un pot d'opiat pour les maux d'estomac , ausquels il étoit sujet. Villequier lui promit tout , croyant la chose innocente & faisable. Il en alla demander la permission à la Reine : elle voulut voir le pot d'opiat , & le fit voir au Cardinal , qui reconnut d'abord

que c'étoit du contre - poison. Il avoit
un grand usage de ces sortes de compo-
sitions.

La Reine fut fort en colere qu'on
la crût capable de se servir de poison.
Elle en parla aux Ministres. M Servien proposa d'ôter l'opiat ; & de faire
donner le pot plein de veritable poison , pour punir une déficance si mal
fondée & si offençante. Mais M. le
Tellier s'y opposa fortement ; & l'on
se contenta de supprimer l'opiat.

MEMOIRES

POUR SERVIR

A

L'HISTOIRE

DE

LOÜIS XIV.

✿✿✿✿✿✿✿✿✿✿✿✿✿✿✿✿✿✿✿✿✿✿✿✿

LIVRE SECOND.

Es Guerres Civiles, qui plus d'une fois avoient mené le Cardinal Mazarin à deux doigts de sa ruïne, n'avoient servi qu'à faire voir la grandeur de son courage, & les ressources de sa fortune. Il s'étoit trouvé à sa premiere fortie de France abandonné de tout le monde , avec fix mille piftoles pour tout bien , lui qui s'étoit vû le maître de tous les trefors du Royaume. Il fe repentit de fon peu de prévoyance , & jura bien de ne pas retomber dans le même cas. Il tint parole fort exactement ; & lorfqu'il fortit de France la feconde fois , il avoit envoyé plus de quatre millions à Rome , à Venife , en Hollande & en Angleterre. Auffi parut-il plus certain de fon retour ; & les confeils qu'il envoyoit à la Reine étoient tous faits comme des ordres , qu'on executoit auffi-tôt.

La Majorité du Roi n'avoit rien changé au Gouvernement. Le Cardinal gouvernoit , & prenoit fes mefures pour gouverner toûjours. Il eft vrai qu'il entretenoit le Roi de fes affaires , ou du moins qu'il le difoit. Ses amis faifoient fonner bien - haut les leçons de Politique qu'il lui donnoit affez rarement : car j'ai oüi dire au vieux Maréchal de Villeroy , qui y étoit quelquefois prefent , que toutes fes leçons rouloient fur des maximes generales , & aboutiffoient à tenir les Princes du Sang le plus bas qu'il pourroit , à ne fe

point trop familiariser avec ses Courtisans, de peur qu'ils ne perdissent le
respect, & ne lui fissent des demandes qu'il lui seroit impossible de leur
accorder. Il faut, lui disoit-il, prendre
un visage serieux & severe dès qu'ils
vous demanderont quelque chose, &
continuer avec soin le talent royal de
la dissimulation, que la Nature lui
avoit prodigué ; à se défier de tous ceux
qui approchoient de sa Personne, sans
même en excepter ses Ministres, devant être bien persuadé qu'ils ne son-
geroient tous qu'à le tromper ; à garder dans les affaires un secret impenetrable, qui seul peut les faire reüssir ; &
à toûjours promettre aux François, sans
se mettre beaucoup en peine de rien
tenir.

Il lui recommandoit encore de n'ê-
tre pas cruel : Prenez leur argent, lui
disoit-il, mais épargnez leur sang ; &
c'est une maxime que le Cardinal a toûjours suivie.

Vous êtes trop bon, Monseigneur,
lui disoit un jour Ondondei, si vous fai-
siez quelque exemple de severité, on
vous obéïroit mieux. Oui, lui repliqua - t - il, mais on me hairoit davan-

tage, Il faut tomber d'accord que la plûpart de ses maximes étoient fort bonnes ; & que s'il y en a quelqu'une dont un honnête homme ne voudroit pas se servir, il n'y en a point qu'un bon Politique ne puisse & ne doive mettre en œuvre.

Le Cardinal par ces grands mots, prétendoit imposer au Peuple, se souciant assez peu, au moins dans les commencemens que le Roi en profitât. Il songeoit moins à en faire un grand Prince, qu'un bon - homme ; doux, tendre, & complaisant ; qui satisfait de ses Maisons de Plaisance & du Commandement de ses Mousquetaires, le laissât maître de l'Etat. Il ne lui trouvoit que trop de génie, & ne laissoit approcher de lui que des Enfans, ou des gens gagnez qui ne parloient jamais d'affaires. Il sembloit être secondé dans ses desseins par la Reine mere, sur l'esprit de laquelle il avoit pris depuis long - tems un grand ascendant : & comme ils étoient toûjours de même avis, le jeune Roi n'osoit jamais leur résister. Il avoit tenté plusieurs fois d'accorder des graces, & de donner quelques Benefices à des Officiers

qui étoient auprès de sa Personne. Mais
le Cardinal craignant les consequences, s'y étoit toûjours opposé. Quand
il y avoit des Bénefices vacans, ou
qu'on les lui demandoit, il répondoit
toûjours qu'il en parleroit au Roi, &
ne lui en parloit jamais. Il signoit la
feuille, & l'envoyoit au Pere Annat,
Confesseur du Roi, qui la signoit sans
l'examiner ; & ensuite le Secretaire
d'Etat expedioit les Brevets. Ces manieres dures & imperieuses eussent été
capables de revolter l'esprit du Roi,
si le respect qu'il avoit pour sa Mere,
& l'amitié qu'il croyoit devoir au Cardinal, n'eussent arrêté ses premiers
mouvemens.

Il a bien mis depuis en pratique la
principale qualité des Rois, une profonde dissimulation. Il dissimula donc,
& ne laissa presque pas appercevoir
qu'il fût sensible. Il s'amusoit à des
Revûës, à des Danses, à des Ballets ;
& pendant que le Cardinal disposoit
de tout, il vivoit comme un particulier sans se mêler de rien ; & donnoit
peu d'idées de ce qu'il a été depuis.

Le Cardinal qui le connoissoit à
fonds, ne laissoit pas de craindre qu'il

ne lui échapât : & fur ce qu'un jour le Maréchal de Gramont le flattoit d'une puiſſance éternelle, fondée ſur la foibleſſe du Roi. Ah ! *Monſou le Marechal*, lui dit-il, vous ne le connoiſſez pas ; il y a en lui de l'étoffe dequoi faire quatre Rois & un honnête homme. Cela me fait ſouvenir de ce que ma Mere lui diſoit un jour : Sire, voulez-vous devenir honnête homme, ayez ſouvent des converſations avec moi. Il crut ſon conſeil, & lui donnoit deux fois la ſemaine des audiances reglées, qu'il payoit par une penſion de huit mille livres.

Le Cardinal diſoit une autre fois au Maréchal de Villeroy, au ſortir d'une audiance que le Roi avoit donnée aux Députez des Etats de Bourgogne : Avez-vous pris garde, *Monſou* le Maréchal, comme le Roi écoute en Maître, & parle en Pere : il ſe mettra en chemin un peu tard ; mais il ira plus loin qu'un autre.

Cependant le Miniſtre profitoit du tems pour établir ſa famille. Il maria ſes deux nieces Martinozzi, l'une au Prince de Conti, & l'autre au Duc de Modene : & les deux aînées Mancini, l'une au Duc de Mercœur, & l'autre au Comte de Soiſſons. Les plus grands Princes ſe diſputoient l'honneur d'entrer dans ſon alliance. Il avoit auſſi en 1653. arrêté le mariage de ſa niéce Hortenſe Mancini avec le Duc de Boüillon, & il devoit être conſommé dès qu'ils auroient l'âge. Madame de Boüillon, très-habile femme, s'étoit ſervie de cette alliance en idée pour rétablir les affaires de ſa maiſon, que la Souveraineté de Sedan avoit miſe en déſordre. Le Cardinal l'avoit ſoutenuë en toutes ſortes d'occaſions, & par ſon credit autant pour le moins, que par celui de M. de Turenne, le Duc de Boüillon à dix-huit ans, ſans jamais avoir été à la Guerre, avoit été fait grand Chambellan. Cette Charge après la mort du Duc de Joyeuſe, avoit été donnée au Duc de Guiſe le Napolitain, à condition de la rendre à ſon neveu le Prince de Joinville, qui depuis a épouſé une petite-fille de Henry IV. Mais le Duc de Guiſe preſſé de l'envie de dépenſer, donna ſa Charge au Duc de Boüillon pour huit cent mille livres, & cinquante ou ſoixante mille livres qu'il devoit à la maiſon de Boüilfon. M. de Longueville en offroit onze cent mille livres ; mais M. de Guife ne l'écouta pas, parce que Mademoifelle de Pons fa bonne amie s'étoit déclarée pour M. de Boüillon, qui avoit eu le bon efprit de lui envoyer quatre mille Piftoles.

L'autorité du Cardinal augmenta toûjours jufqu'au Traité des Pirennées. La Paix qu'il donna, l'affermit encore. Il avoit pû la faire deux ans plûtôt. Il y employa Lionne déja connu par fon habileté dans les affaires étrangeres. Le Cardinal pour lui faire honneur, lui avoit fait donner un plein-pouvoir de figner la Paix, ne croyant pas que cela fût poffible. Mais Lionne agit avec tant d'efprit & de capacité dans les conferences qu'il eut avec les Miniftres d'Efpagne, qu'ils convinrent fur prefque tous les Articles. Il rendoit compte au Cardinal par tous les ordinaires, de la facilité qu'il trouvoit à fe faire accorder tout ce qu'il demandoit ; & la chofe alla fi loin, que le Cardinal eut peur que le Traité ne s'achevât fans lui, & que Lionne emporté par la gloire de faire la Paix, ne fe fervît de fes Pouvoirs. Ce n'étoit pas le compte de Son Eminence ; elle avoit de grandes vûës ; il falloit gagner l'amitié des François, & obliger en même-tems les Espagnols : ce qu'il croyoit pouvoir faire dans un Traité. Le crédit des deux Nations lui étoit absolument necessaire pour parvenir à la Papauté. Il écrivit à Lionne d'un ton aigre & railleur, qu'il avoit la mine de vouloir revenir en France avec une couronne d'olives. Lionne piqué au vif pensa signer le Traité : mais plus sage il envoya un courier à M. Servien son oncle, pour lui demander conseil. Il n'étoit pas difficile à donner. Servien vieux Courtisan, lui manda qu'il étoit perdu, s'il faisoit la Paix, & qu'en cette occasion la vanité devoit ceder à l'interêt. Il ne la signa pas, & en laissa tout l'honneur à Son Eminence. J'ai appris ce détail par les Serviens, qui étoient parens de ma Mere.

Le Mariage du Roi avec l'Infante d'Espagne qui se fit ensuite, mit le comble à la gloire du Cardinal, & lui auroit gagné le cœur de la Reine Mere, si ce n'avoit été une chose faite depuis long-tems. Il lui en porta la nouvelle à Lyon , dans le tems que le Roi parloit d'époufer la Princeffe de Savoye. Pimentel fut envoyé d'Efpagne pour propofer le Mariage de l'Infante , & la paix enfuite. Il entra en France fans paffeport , & vint à Lyon trouver le Cardinal qui lui dit d'abord : *Monfou Pimentel, vous êtes chaffé , ou vous nous apportez la Paix & le Mariage.* Pimentel lui propofa l'un & l'autre. Et le Cardinal qui vouloit plaire en tout à la Reine Mere , accepta tout , & rompit le Mariage de Savoye. Il parut à toute la France , qu'en cette occafion il s'étoit facrifié lui-même au bien de l'Etat. Le Roy étoit amoureux de fa Niece , qui été depuis la Connêtable Colonne : & ce Prince , jeune , ardent dans fes defirs , emporté par une premiere paffion , la vouloit époufer ; & l'eût peut-être fait malgré la Reine Mere , fi le Cardinal , qui étoit aux conferences de Saint-Jean-de-Luz , ne l'eût menacé de quitter tout , & d'abandonner le foin de fes affaires. Il fit d'abord peu de cas de fes menaces , qu'il ne croïoit pas finceres ; & manda au Cardinal qu'il fit tout ce qu'il voudroit , & que s'il abandonnoit fes affaires ,

assez d'autres s'en chargeroient volontiers. J'ai oüi conter plusieurs fois à
la Comtesse de Soissons, que l'alarme
fut grande parmi les Nieces du Cardinal. Elles voïoient sa chûte prochai-
ne , & se defioient de l'amour du Roi ,
qui venant à leur manquer tout d'un
coup , les faisoit retomber dans la misere. Il leur paroissoit fort amoureux ,
mais cela ne les mettoit pas en repos.
La chose alla si avant , que la Reine
Mere eut peur ; elle demanda conseil
au vieux Brienne , qui avoit toujours
été attaché à son service. Il lui dit ,
qu'ayant été si long-tems Regente , il
ne croïoit pas que le Roy , avant l'âge
de vingt-cinq ans , pût se marier sans
son consentement. Qu'en tout cas , il
lui conseilloit de faire une protestation
en bonne forme ; & que se seroit
une bonne piece pour faire casser le
Mariage , quand le Roy seroit revenu de son aveuglement. La protestation fut dressée toute prête à être
signifiée , si les choses fussent allées
plus loin : mais on n'en eut pas besoin ;
le Roy se rendit aux raisons du Cardinal , qui envoïa l'ordre de conduire
sa Niece à Broüage. Marie (c'étoit le

nom de la Niece) pleura beaucoup. Le Roi parut attendri, mais il avoit pris fa refolution ; & ce fut dans le moment du départ, qu'elle lui dit ces paroles qui vouloient dire tant de chofes : Ah ! Sire, vous êtes Roy, vous m'aimez, & je parts. Il ne voulut pas les entendre, & continua encore quelque tems à preffer le Cardinal ; mais le voyant plus ferme que jamais, ce Prince naturellement fage, fit de ferieufes réfléxions. Il fe laffoit bien d'être en tutelle, mais il ne fe fentoit pas affez fort pour marcher fans conducteur. Il n'avoit prefque aucune connoiffance du Gouvernement. La Paix n'étoit point encore fignée ; & le mépris éclatant qu'il eût fait de l'Infante en époufant une fimple Demoifelle, le rejettoit indubitablement dans la Guerre. Il avoit oüi dire, & cela étoit vrai, que fes revenus étoient mangez deux ou trois ans par avance. D'ailleurs il s'étoit paffé quelque mois depuis que fon cœur étoit bleffé. L'efperance de faire confentir le Cardinal à la grandeur de fa Niece, lui avoit fait prendre patience ; & cette Fille pleine d'artifice n'avoit pû lui fafciner

les yeux plus longtems. Il s'étoit apperçu qu'elle n'étoit point belle, &
que ses manieres enjouées venoient
moins d'un esprit vif, que d'un naturel emporté & incapable de réfléxions.
Quoi qu'il en soit, il ceda aux raisons
du Cardinal : la Paix fut signée, & le
Mariage conclu.

Ç'a été depuis un grand problême
entre les politiques ; sçavoir, si le Cardinal agissoit de bonne foi, & s'il ne s'op-
posoit pas au torrent pour augmenter sa
violence. J'ai vû le vieux Maréchal de
Villeroy, & feu M. le Premier agiter
fortement la question, non pas ensemble, (je l'aurois bien souhaité,) mais
chacun dans son cabinet. Ils apportoient
une infinité de raisons pour & contre ;
& d'ordinaire ils concluoient en faveur
de la sincerité du Cardinal, non qu'ils
ne le crussent assez ambitieux pour avoir
souhaité de voir sa Niece Reine de France, mais ils le connoissoient fort timide, & incapable d'aller tête baissée contre la Reine Mere, qui seroit devenuë
son ennemie sans retour ; & cela sur la
parole fort périlleuse d'un homme de
vingt-cinq ans, qui aimoit pour la premiere fois ; au lieu qu'en refusant l'éle-
vation

vation d'une Niece , qu'il n'avoit pas
sujet d'aimer fort tendrement, (il sçavoit qu'elle étoit assez folle pour se mo-
quer de lui depuis le matin jusqu'au
soir,) au lieu dis-je, qu'en faisant le
Heros par le mépris d'une Couronne, il
le devenoit en effet, & faisoit la Paix,
assuroit son pouvoir, & persuadoit le
Roi d'une maniere bien sensible de son
attachement inviolable à la gloire de sa
Personne, & au bien de son Etat.

Ce Cardinal si fameux, qui sur la fin
de ses jours sembloit vouloir se faire aimer du Peuple, autant qu'il en avoit été
haï, ne put executer de si belles résolutions, s'il est vrai qu'il les ait euës. Il
languit près d'une année dans le Château de Vincennes, où il s'étoit fait porter pour prendre l'air. Il commandoit
avec une autorité plus absoluë que jamais; & depuis la Paix des Pyrennées,
il exigeoit des plus grands Seigneurs de
plus grands respects que par le passé. Il
vouloit que tout le monde le traitât de
Monseigneur ; la plùpart des Courtisans
s'y éoient soumis, & generalement tous
ceux qui avoient besoin de lui, hors le
vieux Brienne, qui avoit une tête de
fer, & qui ne cessa point de l'appeller

Monſieur , mais il ne s'en trouva pas
mieux dans la ſuite ; & peut-être fut-ce
une des choſes qui contribua à ſa perte ;
le Cardinal ayant fait au Roi une fort
mauvaiſe peinture de lui & de ſon fils. Il
commença alors tout de bon à inſtruire
le Roi. Il tenoit conſeil preſque tous les
jours avec Fouquet, Lionne, & les Secretaires d'Etat , & ne vouloit point qu'on
parlât d'affaires que le Roi n'y fût. Il lui
diſoit ce qu'il falloit qu'il répondit aux
Ambaſſadeurs. On lui envoyoit ſa leçon
par le jeune Brienne , reçû en ſurvivan-
ce de la Charge de Secretaire d'Etat des
Affaires Etrangeres. Le Roi ſuivoit exactement les conſeils du Cardinal. Un
jour pourtant qu'il lui avoit mandé de
refuſer abſolument à l'Envoyé de Genes
la reſtitution d'un Vaiſſeau qui pouvoit
valoir dix mille écus : ce Prince qui ſe
ſentoit un ſi grand Prince , dit à Brienne : *Je ne puis me réſoudre à refuſer dix*
mille écus à une Republique ; mais je le
renvoyerai à M. le Cardinal, qui en fera
ce qu'il voudra.

Il montra la même grandeur d'ame,
lorſque Colbert lui apporta le Teſtament que le Cardinal venoit de faire,
(& ce fut la veille qu'il mourut,) il lui

défendit de le lire , & le figna fans vouloir fçavoir ce qu'il contenoit. *C'eft la
moindre chofe que je lui dois*, difoit-il en
foupirant.

Le Cardinal ne paffoit pas pour avoir
la confcience fort timorée. Néanmoins
les fcrupules augmentoient à mefure que
la mort approchoit. Un bon Théatin ,
fon Confeffeur , lui dit net qu'il feroit
damné , s'il ne reftituoit le bien qu'il
avoit mal acquis : *Helas !* dit-il, *je n'ai
rien que des bienfaits du Roi. Mais* , reprit le Théatin , *il faut bien diftinguer
ce que le Roi vous a donné , d'avec ce que
vous vous êtes donné vous-même. Ah ! fi
cela eft* , dit le Cardinal , *il faut tout
reftituer.* Colbert vint là-deffus , & étant
confulté , confeilla au Cardinal de faire
une donation teftamentaire de tous fes
biens en faveur du Roi ; qu'il ne man-
queroit pas , vû fon bon cœur , de les
lui redonner fur le champ. L'expe-
dient plut à Son Eminence ; il falloit peu
de chofe pour calmer fes remords. Il fit
la donation le 3. Mars ; mais il fût
deux jours fort en peine ; parce que le
Roi, qui l'avoit acceptée, ne difoit mot.
Ma pauvre famille , s'écrioit-il dans fon
lit devant Colbert , Roze & Bernoüin

son premier Valet de Chambre. (Je le sçai de Roze.) *Ah ! ma pauvre famille n'aura pas de pain.* Colbert le reconfortoit, & lui rapporta enfin le 6. du mois la donation du Roi, qui le remettoit en possession de ses richesses immenses. Il refit aussi-tôt ce fameux Testament, dont on a tant parlé, par lequel il dispose de plus de cinquante millions ; & le 7. & le 8. il y fit quelque changement. il y défend sur toutes choses qu'on fasse inventaire de ses effets, assurément dans la peur qu'il avoit que le public n'en fût scandalisé. Il donne au Roi deux Cabinets de pieces de rapport qui n'étoient pas encore achevez, quelques Diamans à la Reine Mere, soixante marcs d'or, & une Tenture de Tapisserie à Monsieur ; six cens mille livres pour faire la Guerre aux Turcs, à peuprés deux cens mille écus à la Princesse de Conti, & autant à la Princesse de Modene ; dix-huit mille livres de pension viagere à Madame Martinozy sa sœur ; au Marquis de Mancini son neveu le Duché de Nevers, neuf cens mille livres d'argent comptant, des rentes sur Brouage ; & la moitié de ses meubles avec tous ses biens de Rome ; deux cens mille écus à M. de Vendôme ; autant à la Comtesse de Soissons ; cent mille livres au Maréchal de Grammont ; dix-huit gros Diamans pour être de la Couronne , à condition qu'on les appelleroit les Mazarins ; six mille livres aux Pauvres , & tout le reste de ses biens au Duc & à la Duchesse de Mazarin , qu'il instituë ses Legataires universels. Il nomme pour Executeur de son Testament, le Premier President, Messieurs Fouquet, le Tellier , l'Evêque de Frejus , & Colbert. On n'entroit plus dans sa chambre les huit derniers jours de sa maladie , que par la garde-robe , de peur de lui faire du bruit. Il y avoit un petit passage obscur où Colbert passoit les jours & les nuits à recevoir les complimens de tout le monde. Il étoit Intendant de la maison du Cardinal , & sçavoit toutes ses affaires ; & dès que Son Eminence eut rendu les derniers soupirs , il alla trouver le Roi , & lui dit que le Cardinal avoit en differens lieux près de quinze millions d'argent comptant ; & qu'apparemment son intention n'étoit pas de les laisser au Duc Mazarin , quoiqu'il l'eût déclaré son Legataire universel ; qu'il falloit prendre là-dessus le maria-

ge de ses Nieces , à qui il donnoit à
chacune à peu-près quatre cens mille
écus , & que le surplus serviroit à remplir les coffres de l'Epargne , qui étoient
fort vuides. Ce fut là le commencement
de la fortune de Colbert. La chose demeura secrete entre le Roi & lui ; & le
Sur-Intendant n'en sçût rien , ou ne fit
pas semblant de le sçavoir.

On dit qu'on trouva à Sedan chez
le Maréchal Fabert cinq millions ; deux
à Brisac ; six à la Fere ; & cinq ou six
à Vincennes. Il y avoit aussi de l'argent
dans son appartement au Louvre ; mais
Bernoüin son premier Valet de chambre
s'en saisit , & ne le rendit pas ; il en fut
au moins soupçonné, parce que la veille
de la mort du Cardinal, il le quitta ago-
nisant , & alla tout seul au Louvre , où
Colbert ne trouva rien le lendemain. Le
Duc de Mazarin n'eut aucune connoissance du Testament , ou eut assez d'esprit pour n'en rien dire. Il se croyoit
assez heureux d'avoir par son contrat de
de mariage douze cens mille écus d'argent comptant, le Gouvernement general d'Alsace , avec les Gouvernemens
particuliers de Brisac, & de Philisbourg ;
ceux de la Fere & de Vincennes, les Ter-

res, les Maisons, les Meubles & les
Pierreries qui le rendirent, avec ce qu'il
avoit déja, le plus grand Seigneur de
France. On dit même qu'il mit la main
sur les six millions qui étoient à la Fere,
& sur les deux qui étoient à Brisac, où il
alla peu de tems après la mort du Car-
nal. Le Roi lui tint aussi parole sur le
Gouvernement de Bretagne, que le Cardinal mourant lui avoit encore demandé pour lui. Il ordonna au jeune Brienne deux heures après la mort du Cardinal d'en expedier les Provisions en faveur du Duc de Mazarin. Brienne lui
representa qu'il falloit avoir la démission
de la Reine Mere, qui étoit pourvûë de
ce Gouvernement. Le Roi lui dit d'attendre un moment ; & entra dans le Cabinet de la Reine Mere ; d'où étant sorti
aussi-tôt, il redit à Brienne d'expedier
toûjours les Provisions, sans parler de
démission, & de les porter à M. le Chancelier pour les sceller. Brienne prit encore la liberté de lui dire que M. le Chancelier feroit assurément difficulté sur la
démission ; alors le Roi prit cet air &
ce ton de maître, qu'il a toûjours eu
depuis, & qu'il n'avoit pas eu jusques-
là, & lui dit : *Je le veux, dites-le à M.*

le Chancelier , & m'apportez les Provi-
sions scellées demain à mon lever. Brienne & le Chancelier obéïrent ; & le Roi
mit le lendemain les Provisions entre
les mains du Duc de Mazarin. Mais
comme la Reine Mere ne voulut pas
donner sa démission , en disant : N'est-
ce pas assez d'honneur pour lui d'être
mon Lieutenant ; le Duc n'osa pas tirer
au bâton avec elle. Il rendit ses Provisions , & se contenta de sa Lieute-
nance Generale de Bretagne , qu'il avoit
déja.

Mais pour revenir au Cardinal mourant , le Roi & la Reine Mere lui tenoient compagnie assiduëment , & donnoient tous leurs soins à le divertir dans
ses maux. Les Medecins en avoient
mauvaise opinion. Il faisoit toûjours
bonne mine , suivant la politique de la
Cour , où pour bien faire , il ne faut
jamais être malade. Il vouloit qu'on le
crût en bonne santé , & se croyoit peut-
être lui-même dans le chemin de gue-
rir. Quinze jours avant sa mort, il voü-
lut absolument se lever , & donna audiance à tout le monde. Le Comte de
Fuensald'agne Ambassadeur d'Espagne
en le voyant , se tourna du côté de M:

le

le Prince , & lui dit avec gravité : *Señor represénta mui ben il defunto Cardenal Mazarin.* Fueufald'agne étoit Gouverneur des Païs-Bas , quand M. le Prince s'y retira ; il ne voulut jamais batailler , & difoit : *El Señor Principe de Condé corre fopre Cavallos preftados.* Et fur ce qu'un jour l'Armée d'Efpagne en entrant en Picardie , fut obligée de faire halte , pour voir par où elle iroit. *Quoi !* s'écria-t-il , *le Prince de Condé vient pour revol.er la France , & il n'a pas un guide pour y entrer.* J'ai mis ces paroles en François,parce que je ne les fçai pas enEfpagnol. Le Cardinal Mazarin eût volontiers imité Cromwel , s'il avoit été dans un païs de Fanatiques. Cromwel prêt à entrer dans l'agonie , après avoir affuré hautement , qu'il n'en mourroit pas , & que Dieu lui avoit fait connoître l'avenir , il avoüa fon impofture à fes amis particuliers , & leur dit : *Si je gueris me voila Prophete ; & fi je meurs , que m'importe qu'ils me croyent un fourbe.* Le Cardinal auffi attaché à la vie prefente , n'en eut pas moins fait , pour impofer au public , s'il avoit crû pouvoir en venir à bout.: & ce fut peut-être dans cette penfée, que la veille de fa mort, il man-

da à ma Mere par Bayes, fameux Mede-
cin, qu'il s'étoit souvenu d'elle dans
son Testament, quoiqu'il n'y eut pas
songé. Il continuoit cependant à donner
de son lit des ordres qui étoient executez. Il abusoit plus que jamais de la
souveraine Puissance. Il disposoit des
Charges ; il donnoit les Benefices. Le
Roi tendre & reconnoissant le laissoit
faire, dans la pensée que cela finiroit
bien-tôt. Il avoit déclaré le Marquis de
la Meilleraye grand Maître de l'Artillerie, son heritier principal, en lui faisant
prendre le nom de Mazarin ; & il lui
avoit donné Hortense la plus belle de
ses Nieces, avec tant de million en argent, en terres, en maisons, en pierreries ; qu'il avoit crû établir sa maison
sur des fondemens inébranlables, oubliant sans doute que le Cardinal de
Richelieu avoit eu le même dessein, &
n'y avoit pas réüssi. Comme si la Provi-
dence par une justice prompte & severe
vouloit confondre toute la sagesse des
hommes, & faire voir pour la consolation des gens de bien, que les élevations
si subites ne durent gueres, quand elles
ne sont pas fondées sur l'innocence. Il
avoit balancé quelque-tems entre le

Grand-Maître & le Prince de Courtenai, qu'il eut fait reconnoître Prince du Sang, s'il avoit été capable de soutenir une si grande naissance. Il ne témoigna pas se souvenir seulement des engagemens qu'il avoit pris il y avoit sept ou huit ans avec la Duchesse de Boüillon. Le peu d'embressement que M de Turenne avoit montré pour ce mariage, l'avoit piqué. Et M. de Turenne de son côté voyant le froid de Son Eminence, avoit fait le fier, & ne s'étoit donné aucun mouvement ; mais quand il vit que la maladie étoit mortelle, il fit tout ce qu'il put pour se raccommoder avec son ami mourant. Il se presenta plusieurs fois à la porte de sa chambre, & n'entra point pendant que le Maréchal de Grammont étoit toute la journée au chevet du lit du Cardinal. Il en parla à Ondondei, Evêque de Frejus, qui enfin la veille de la mort de Son Eminence, le vint querir de sa part. Ils s'embrasserent cordialement. Le Cardinal lui dit qu'il avoit exhorté le Roi à n'oublier jamais ses grands services ; & que connoissant le cœur de Sa Majesté, il ne devoit pas être en peine là-dessus ; que pour lui, il sentoit une véritable joïe de mourir

son serviteur & son ami. En disant cela il tira de son doigt un Diamant de
mille pistoles qu'il lui donna , le priant
de le garder comme un gage de son
amitié. Puis voulant témoigner de la
fermeté en presence d'un des plus braves hommes du monde ; il lui dit qu'il
esperoit tout de la misericorde de Dieu ;
mais quand le monde, lui dit-il , en la-
tin , tomberoit en ruïne , je ne trem-
blerois pas. Ils ne parlerent point de
leurs anciens engagemens ; mais on
m'a dit que l'Evêque de Frejus ayant
proposé au Cardinal le mariage de sa
niece Marie de Mancini avec M. de
Boüillon , le Cardinal presque agoni-
sant n'avoit voulu écouter aucune proposition , & avoit dit seulement que sa
Niece ne demeureroit pas avec huit
cens mille livres d'argent comptant &
le Gouvernement d'Auvergne, sur lequel
le Roi lui donnoit un Brevet de retenuë
de cent mille écus : & effectivement,
l'année suivante, la Reine Mere la maria au Duc de Boüillon , qui étoit
sans contredit , le meilleur parti de
France.

J'ai oüi dire à M. le Tellier , que le
Cardinal avoit envie de donner sa Nie-

ce & tout son bien au Comte de Coligni après la Bataille des Dunes. Coligni qui avoit été pris prisonnier, ayant été mené à Calais, le Cardinal lui envoya M. le Tellier, pour lui proposer de quitter le service de M. le Prince, & de s'attacher à lui, avec ordre, s'il acceptoit le parti de bonne grace, de lui dire tout de suite que Son Eminence lui donnoit sa Niéce, & qu'il le déclaroit son heritier. Coligni répondit fiérement, qu'il n'abandonneroit point M. le Prince dans son malheur, & le Tellier ne se déclara pas davantage ; mais cinq ou six ans après, lorsque le Roi nomma Coligni pour commander les six mille hommes qu'il envoyoit en Hongrie ; le Tellier, en lui donnant ses instructions, lui dit : Vous souvenez-vous, Monsieur de la visite que je vous fis à Calais. J'avois ordre de M. le Cardinal, si vous aviez voulu quitter le parti de M. le Prince, de vous dire qu'il vous choisissoit pour épouser sa Niece, & pour vous faire son heritier. J'ai fait mon devoir, lui répliqua Coligni, je ne sçaurois m'en repentir.

Le Grand Maître avoit épousé Hor-

tense , & avoit pris le nom de Mazarin.
Il étoit alors assez à la mode, chose
étrange , que sa fortune l'ait accablé !
Il eût été fort honnête homme & fort
riche , s'il fut resté dans son état naturel ; mais son ame n'étoit pas faite pour
porter un si grand poids d'honneur &
de richesses. Une devotion mal-enten-
duë, le saisit & gâta tout. La tête lui
tourna bien-tôt. Il alla lui-même un
matin dans sa galerie casser à coups
de marteau des Statuës antiques d'un
prix inestimable , croyant faire une action heroïque. Et sur ce que Colbert
lui alla demander de la part du Roi , ce
qui l'avoit poussé à faire une action si
extraordinaire ; il dit que c'étoit sa conscience. *Mais, Monsieur,* reprit Colbert ,
pourquoi avez-vous dans vôtre cham-
bre cette tapisserie de Mars & de Ve-
nus. Ah! Monsieur , lui dit-il le Duc
de Mazarin , *ce sont des tapisseries de la*
Maison de la Porte. Le Roi le plaignit ,
& le laissa faire ; mais il n'oublia pas
ce fait héroïque , & plus de quatre
ans après en visitant les bâtimens du
Louvre, & voyant un marteau sur un
degré, il se tourna vers Perrault , Controlleur des Bâtimens, & dit : Voilà une

arme dont le Duc de Mazarin se sert fort
bien.

Ce pauvre homme depuis ce tems-
là en faisant des bonnes œuvres, a
trouvé le moyen de se faire mépriser
de tout le monde. A force de vouloir
faire justice, il ne l'a faite à personne.
Il a eu trois cens procès, qu'il a presque tous perdus, non que le souvenir
du Cardinal inclinât ses Juges en faveur de ses Parties ; mais parce que
dans le fonds il avoit tort, & qu'il n'a
jamais voulu croire son conseil, en con-
sultant néanmoins & payant bien cher
les plus habiles Avocats. Il a toûjours
agi sur un plaisant principe. *Je suis bien
aise*, dit-il, *qu'on me fasse des procès
sur tous les biens que j'ai eus de M. le
Cardinal. Je les crois tous mal acquis ;
& du moins quand j'ai un Artêt en ma
faveur, c'est un titre, & ma conscience
est en repos.* Enfin, pour remplir la male-
diction que Dieu avoit jettée sur tant
de richesses, qu'on peut dire véritablement le sang du peuple, il a trouvé
le secret de se ruïner, quoi qu'ayent
pû faire Colbert, Gaumont, & Belizani,
les trois hommes du monde les moins
dissipateurs, qui dans le commencement

I iiij

se fa soient un honneur d'abandonner leurs propres affaires pour avoir soin des siennes.

Cependant le Cardinal se sentoit défaillir à vûë d'œil. Ses douleurs qui étoient souvent fort aiguës en minant son corps, n'attaquoient pas son esprit, il l'eut toûjours gai & tourné vers la plaisanterie : Et sur ce que Brayer, qui avoit la conversation fort agréable, lui dit en causant & sans songer à rien, qu'il paroissoit une Comete, il se l'appliqua aussi-tôt, & dit en s'humiliant, & acceptant l'augure : La Comete me fait trop d'honneur. Il mourut enfin moins Chrétien que Philosophe, avec une constance admirable, & une tranquilité, qui lui venoit, à ce qu'il disoit lui même, de l'innocence de sa vie passée. Il mourut dans la vision de se faire Pape ; & c'étoit peut-être dans cette pensée qu'il ne s'étoit jamais voulu naturaliser François. Il se voyoit assuré de la France, & avoit tiré parole de Dom Loüis de Haro, en faisant la Paix, que non-seulement l'Espagne ne lui donneroit pas l'exclusion, mais qu'elle le serviroit de toutes ses créatures, & de celles de l'Empereur, qui

ne faifoit alors que la même fonction.
Il prétendoit gagner les Cardinaux
Florentins par le mariage de Mademoifelle d'Orleans avec le Prince de Tofcane, & en promettant au Grand Duc
de lui faire accorder par le Roi les mêmes honneurs qu'au Duc de Savoye.
Il avoit gagné la Republique de Venife & fes Cardinaux, en lui envoyant
un grand fecours d'hommes & d'argent, fous la conduite du Prince Alme-
ric d'Eft. Il avoit fait d'une pierre deux
coups, & s'étoit défait de la plûpart des
troupes de M. le Prince, dont la fidelité lui étoit fort fufpecte. Mais pour
cacher fa mauvaife inclination, il y
avoit auffi envoyé fon Regiment Italien, fe fouciant peu de facrifier fes
amis, pourvû qu'il perdit fes ennemis.
Il fçavoit enfin que le Roi n'épargne-
roit rien pour le faire Pape, par amitié, par reconnoiffance, par gloire, &
peut être même pour fe défaire hono-
rablement d'un Premier Miniftere qui
commençoit à lui être à charge. Ainfi
fans faire trop d'attention aux regles
canoniques, le Cardinal croyoit la chofe
fort poffible avec le fecours de trente
Abbayes & de quinze millions d'argent
comptant.

La mort du Cardinal Mazarin fit plaisir au petit peuple, qui croit toûjours gagner au changement. Il avoit fait la Paix, & promettoit des merveilles, mais ce n'étoit que des paroles d'un Ministre Italien. Les impôts n'étoient point diminuez, & sous le prétexte spécieux de rétablir les Finances, les choses alloient leur train ordinaire. On ne voyoit que spectacles publics, Balets mêlez de musique ; carousels , feux d'artifice. La Cour étoit dans la magnificence exterieure , toute la misere étoit au dedans. On voyoit bien les fleurs de la Paix ; mais on n'en avoit point encore goûté les fruits.

Les plus gens de bien trembloient pour l'Etat, qu'ils voyoient sans pilote : il ne leur entroit pas dans l'esprit que le Roi fût capable de gouverner , même qu'il voulut s'en donner la peine. Il étoit beau , bien fait , & n'avoit que vingt-deux ans. Les plaisirs venoient de toutes parts pour endormir sa vertu. Quelle apparence qu'il eût le courage de se charger du poids des affaires , & de passer ses plus beaux jours dans des discussions ennuyeuses ? Tous les raisonne-mens politiques aboutissoient à chercher un homme qui prit le timon, à l'exemple des Cardinaux de Richelieu & de Mazarin ; & on ne voyoit personne en passe de faire ce personnage.

Il y avoit alors trois hommes sur le théatre des affaires ; Fouquet, le Tellier, & Lionne. J'y ajoûterai Colbert, qui fit bien-tôt après la principale figure. Je crois que pour l'intelligence de ce que j'ai à dire dans la suite, il est à propos de les faire connoître à fonds, & de les peindre trait pour trait, sans cacher la moindre de leurs bonnes & mauvaises qualitez.

Le portrait que je vais faire, fera d'autant plus ressemblant, qu'ils sont morts tous quatre, & que j'ai eu le tems de les connoître pendant leur vie. Fouquet est le seul que je n'ai connu que de visage ; mais j'ai oüi parler de lui à tant de gens d'esprit, sans préoccupation, en differens tems, en lieux differens, disant tous la même chose, que je crois le connoître aussi-bien que les autres. Au reste, je ne dirai pas ce qu'ils étoient & ce qu'ils sembloient être à la mort du Cardinal ; à peine les connoissoit-on ; ils se contraignoient alors pour parvenir à la fortune. Atten-

tifs à ne se laisser voir que du bon côté,
ils cachoient leurs mauvaises inclinations qui auroient pû leur faire tort.
Mais dès qu'ils se virent dans le Conseil
du Roi, décidant souverainement de la
destinée de l'Europe, chacun se déclara. L'Ambitieux se distilla en projets, &
eut l'insolence de dire, où ne monterai-
je point ? L'Avare amassa de l'argent ;
l'Orgüeilleux fronça le sourcil ; le vo-
luptueux ne se cacha plus dans les te-
nebres.

Nicolas Fouquet avoit beaucoup de
facilité aux affaires, & encore plus de
négligence. Sçavant dans le Droit, &
même dans les Belles-Lettres : sa conversation étoit legere, ses manieres assez nobles ; il écrivoit bien, & ordinairement la nuit à la bougie, dans son
lit, sur son seant, les rideaux fermez.
Il disoit que le grand jour lui donnoit
de perpetuelles distractions. Il se flatoit aisément ; & dès qu'il avoit fait
un petit plaisir à un homme, il le mettoit sur le rolle de ses amis, & le croyoit
prêt à se sacrifier pour son service. Cette pensée le rendoit fort indiscret. Il
écoutoit paisiblement, & répondoit toûjours des choses agréables ; ensorte

que fans ouvrir fa bourfe , il renvoyoit
à demi-contens tous ceux qui venoient
à fon audiance. Il vivoit au jour la
journée ; nulle mefure pour l'avenir ,
fe fiant aux promeffes de quelques Par-
tifans, qui pour fe rendre neceffaires ,
lui faifoient filer les Traitez ; & tant
qu'il fut Sur-Intendant, il ne vit jamais deux millions enfemble. Il fe char-
geoit de tout , & prétendoit être Premier Miniftre , fans perdre un moment
de fes plaifirs. Il faifoit femblant de
travailler feul dans fon cabinet à Saint-
Mandé : & pendant que toute la Cour
prévenuë de fa future grandeur étoit
dans fon anti-chambre , loüant à haute voix le travail infatigable de ce
grand homme , il defcendoit par un
efcalier dérobé dans un petit Jardin ,
où fes Nymphes , que je nommerois
bien fi je voulois, & même les mieux
cachées , lui venoient tenir compagnie
au poids de l'or. Il crut être le maître après la mort du Cardinal Mazarin , ne fçachant pas tout ce que ce
Cardinal mourant avoit dit au Roi
fur fon chapitre. Il fe flatoit d'amufer
un jeune homme par des bagatelles ,
& ne lui propofoit que des parties de

plaisirs, se voulant même donner le soin de ses nouvelles amours ; ce qui déplût fort au Roi, qui n'ayant alors de Confident que lui-même, se faisoit un plaisir du mystere ; & qui d'ailleurs allant au solide, vouloit commencer tout de bon à être Roi. Mais ce qui acheva de le perdre, c'est qu'il se laissa aller à des airs de superiorité sur les autres Ministres, qui en furent offensez, & se liguerent contre lui. Ils le firent bien-tôt donner dans le piege, en lui conseillant de vendre sa Charge de Procureur General du Parlement, pour en porter l'argent à l'Epargne ; ce qu'il fit comme un innocent, se mettant par là la corde au cou, mais croyant faire sa Cour à un jeune Prince, qui ne se contentoit pas de si peu de chose. Il étoit persuadé que les Rois étoient assez riches, pourvû que les peuples fussent dans l'abondance : maxime bonne en elle-même, qu'il outra en répandant à pleines mains l'argent du Roi, & lui laissant manger ses revenus deux ou trois ans par avance. Ses vûës particulieres lui faisoient négliger le bien de l'Etat. Il donnoit pour quatre millions de pensions à ses amis de Cour , qu'il croyoit ſes créatures , & étoit d'aſſez bonne foi pour compter ſur eux , & pour les juger capables de le ſoutenir dans un changement de fortune , qu'il croyoit fort poſſible. Il fit là-deſſus des projets de revolte , qui euſſent merité la mort , ſi le ridicule n'en avoit adouci le crime. Ses dépenſes prodigieuſes à Vaux ſuffiſoient pour ſa condamnation ; mais la maniere dont on ſe prit pour le perdre , ramena les cœurs à ſon parti. Il étoit coupable , mais à force de le pourſuivre contre les formes , il attira ſes Juges en ſa faveur : & ſon innocence prétenduë fut un effet de la colere aveugle & précipitée de ſes ennemis.

Michel le Tellier avoit reçû de la nature toutes les graces de l'exterieur. Un viſage agréable , les yeux brillans, les couleurs du tein vives, un ſourire ſpirituel , qui prévenoit en ſa faveur. Il avoit tout le dehors d'un honnête homme ; l'eſprit doux, facile, inſinuant. Il parloit avec tant de circonſpection , qu'on le croyoit toûjours plus habile qu'il n'étoit ; & ſouvent on attribuoit à ſageſſe ce qui ne venoit que d'ignorance. Modeſte ſans affectation , & cachant sa faveur avec autant de soin que son bien. Une fortune éclatante & la premiere Charge de l'Etat ne lui firent point oublier que son grand-Pere avoit été Conseiller de la Cour des Aydes. Il ne fit jamais vanité d'une belle & fausse genealogie ; & il faut rendre justice à ses enfans, ils ont imité sa sagesse & sa modestie sur ce point-là, & n'ont point endossé un ridicule, fort ordinaire aux gens de nouvelle fabrique. Mais aussi se donna-t-il par-là l'exclusion à la Pairie, lorsqu'il dit au Roi, à l'occasion du Chancelier Seguier, qui vouloit être Duc de Ville-mor, que ces grandes Dignitez ne convenoient point à des gens de Robe, & qu'il étoit de la politique de ne les accorder qu'à la vertu militaire. Son Fils aîné Louvois par tous ses services qui ont brillé long-tems, & presque jusqu'à sa mort, n'a jamais pû effacer de l'esprit de son Maître ce petit mot, que son Pere avoit lâché, sans songer aux consequences. Il promettoit beaucoup, & tenoit peu ; timide dans les affaires de sa famille, courageux & même entreprenant dans celles de l'Etat ; génie médiocre & borné, peu

propre

propre à tenir les premieres Places , où il payoit souvent de discretion ; mais assez ferme à suivre un plan , quand une fois il avoit été aidé à le former. Incapable d'en être détourné par ses passions , dont il étoit toûjours le maître ; régulier & civil dans le commerce de la vie , où il ne jettoit jamais que des fleurs ; c'étoit aussi tout ce qu'on pouvoit esperer de son amitié ; mais ennemi dangereux , cherchant l'occasion de frapper sur celui qui l'avoit offensé , & frappant toûjours en secret , par la peur de se faire des ennemis , qu'il ne méprisoit pas quelque petits qu'ils fussent. Il ne laissoit pas de sentir les obligations de son emploi , & les devoirs de sa Religion , à laquelle il a toûjours été fidéle. Il s'écria du fond du cœur & avec sincerité peu de jours avant que de mourir , qu'il n'avoit point de regret à la vie , puisqu'il se voyoit assez heureux pour sceller la révocation de l'Edit de Nantes.

Hugues de Lionne , Gentilhomme de Dauphiné , avoit un esprit superieur. Son esprit naturellement vif & perçant s'étoit encore aiguisé dans les af-

faires où le Cardinal Mazarin l'avoit
mis de bonne heure. Habile Négocia-
teur, que la réputation d'une trop grande finesse avoit rendu presque inutile
dans le commerce des Italiens, qui
se défioient d'eux-mêmes, quand ils
avoient à traiter avec lui. Avec beaucoup d'esprit & d'étude il écrivoit assez
mal, mais facilement, ne se voulant
pas donner la peine d'écrire mieux. Au
reste, fort désinteressé, ne regardant
les biens de la fortune, que comme
des moyens de se donner tous les plaisirs ; grand joüeur, grand dissipateur ;
sensible à tout, ne se refusant rien,
même aux dépens de sa santé ; pares-
seux, quand son plaisir ne le faisoit
pas agir ; infatigable, passant les jours
& les nuits à travailler quand la necessité y étoit, ce qui arrivoit rarement ; n'attendant aucun secours de ses
Commis, tirant tout de lui-même, écrivant de sa main, ou dictant toutes les
Dépêches, donnant peu d'heures dans
la journée aux affaires de l'Etat ; &
croyant regagner par sa vie active le
tems que ses passions lui faisoient perdre. Sa mort fut aussi chrétienne &
penitente, que sa vie l'avoit été peu.

Il ne pouvoit trop souffrir, disoit-il tout haut, pour expier ses pechez ; & l'on vit en sa personne un exemple sensible de ces prétendus esprits forts, qui à la vûë des jugemens de Dieu, sont forcez à déposer toute leur fierté, & à reconnoître humblement les veritez de la Foi, qu'ils avoient combatuës avec violence.

Jean-Baptiste Colbert avoit le visage naturellement refrogné. Ses yeux creux, ses sourcils épais & noirs, lui faisoient une mine austere, & lui rendoient le premier abord sauvage & négatif : mais dans la suite en l'apprivoisant, on le trouvoit assez facile, expeditif, & d'une sûreté inébranlable. Il étoit persuadé que la bonne foi dans les affaires en étoit le fondement solide. Une application infinie & un désir insatiable d'apprendre, lui tenoient lieu de science. Plus il étoit ignorant, plus il affectoit de paroître sçavant, citant quelquefois hors de propos des passages latins, qu'il avoit appris par cœur, & que ses Docteurs à gages lui avoient expliquez. Nulle passion depuis qu'il avoit quitté le vin ; fidéle dans la Sur-Intendance, où avant lui

on prenoit fans compter , & fans rendre compte. Riche par les feuls bienfaits du Roi, qu'il ne diffipoit pas, prévoyant affez, & le difant à fes amis particuliers, la prodigalité de fon Fils aîné.
Il envoya au Roi avant que de mourir,
le memoire de fon bien, qui montoit
à plus de dix millions, & fit voir clairement que les appointemens de fes
Charges, & les gratifications extraordinaires avoient pû en vingt-deux ans
produire legitimement une fomme auffi confiderable que celle-là. Il fut le
reftaurateur des Finances, qu'il trouva en fort mauvais état à fon avenement au Miniftere. Efprit folide, mais
pefant, né principalement pour les Cal-
culs ; il débroüilla tous les embarras
que les Sur-Intendans & les Tréforiers
de l'Epargne avoient mis exprès dans les
affaires pour y pêcher en eau trouble ;
ne fit plus que deux chapitres, l'un
des revenus du Roi, & l'autre de fa
dépenfe. Il prefentoit au Roi tous les
premiers jours de l'an un *Agenda*, où
fes revenus étoient marquez en détail ;
& à chaque fois que le Roi fignoit des
Ordonnances, Colbert lui faifoit fouvenir de les marquer fur fon *Agenda*.

afin qu'il pût voir quand il lui plairoit
combien il lui restoit encore de fonds ;
au lieu que dans les tems passez il ne
pouvoit jamais sçavoir ce qu'il avoit.
Et lorsqu'il demandoit de l'argent, les
Sur-Intendans lui disoient avec une franchise admirable : *Sire, il n'y en a point
à l'Epargne, mais Son Eminence vous en
prêtera.* Colbert satisfait d'avoir par sa
capacité remis l'abondance dans les coffres du Roi (ce qui n'est pas fort difficile dans un tems de Paix, lorsqu'on
diminuë la dépense, & qu'on ne diminuë point la recette) s'abandonna à des
projets sur le commerce, dont il ne prit
les desseins que dans son imagination.
Il crut que le Royaume de France se
pourroit suffire à lui-même, oubliant
sans doute que le Createur de toutes
choses n'a placé les differens biens dans
les differentes parties de l'univers, qu'afin de lier une societé commune, &
d'obliger les hommes par leurs interêts à se communiquer reciproquement les tresors qui se trouveroient
dans chaque Païs. Il parla à des Marchands, & leur demanda en Ministre
les secrets de leur métier, qu'ils lui
dissimulerent en vieux Négocians. Tou-

jours magnifique en idées , & presque
toûjours malheureux dans l'execution ,
il croyoit pouvoir se passer des soyes du
Levant, des laines d'Espagne , des draps
de Hollande , des tapisseries de Flandres , des Chevaux d'Angleterre & de
Barbarie. Il établit toutes sortes de Ma-
nufactures , qui coûtoient plus qu'elles
ne valoient. Il fit une Compagnie des
Indes Orientales , sans avoir les fonds
nécessaires ; & ne sçachant pas que les
François impatiens de leur naturel ; &
en cela bien differens des Hollandois ,
ne pouvoient jamais avoir la constance de mettre de l'argent trente ans durant dans une affaire , sans en retirer
aucun profit , & sans se rebuter. Enfin pour faire voir à toute la Terre à
quel point il sçavoit mal prendre ses
mesures , il envoya la Haye aux Indes
Orientales avec six vaisseaux de Guerre , affronter les Hollandois qui en ont
plus de cinquante , & qu'ils n'eurent pas
grand peine à les lui enlever tous l'un
après l'autre. Il étoit mal servi les premieres années par ses Commis , la plûpart fripons , ou ignorans , quoiqu'il
eût pour eux une severité insuppor-
table. Il n'y avoit chez lui rien de bien

fait que ce qu'il faisoit lui - même , &
il ne faisoit rien qu'à force de travail.
La Nature ne lui avoit pas été liberale. Peu exact à répondre aux questions
qui lui étoient proposées par les Intendans des Provinces lorsqu'il ne s'agissoit
pas d'argent , il fut uniquement at-
tentif à fournir les sommes immenses
qu'on lui demandoit tous les jours ,
sans avoir le courage de representer
au Maître , qui apparemment n'en sçavoit rien , que le Peuple étoit dans la
misere , pendant qu'on ne parloit que
de Fêtes , de Ballets , & d'Illumina-
tions.

Il rétablit , ou pour mieux dire , il
créa de nouveau la Marine , & la mit
sur le pied de bravoure & d'habileté ,
où elle est à present ; mais ce ne fut
qu'avec des tresors souvent mal employez ; comme à Dunkerque , & peut-
être à Rochefort , où il voulut forcer
la Nature , qui est toûjours la plus forte. Toûjours plein du Roi , il ne songeoit qu'à l'éterniser dans la mémoire
des hommes. Les Médailles , les Statuës , les Arcs de Triomphes , tout ce
que l'Eloquence & la Poësie ont de plus
sublime étoit mis en usage pour la

gloire de Loüis le Grand. Il n'épargnoit ni soins ni penſions pour gagner tous ceux que l'eſprit & l'érudition diſtinguoient dans l'Academie Françoiſe, & dans toutes les parties de l'Europe. Il étoit fort innocent des Serpens & des Couleuvres que M. le Brun avoit fait mettre ſur tous les volets du Louvre. Le Roi lui en fit pourtant une raillerie un peu amere ; & le pauvre homme tout éperdu, envoya chercher Perrault, Controlleur des Bâtimens, qui lui dit, ſans heſiter, que ſous le Soleil vainqueur, il avoit bien falu mettre le Serpent Pithon ; il lui ordonna d'écrire ſur le champ une lettre où cette raiſon fût bien expliquée ; & dès le lendemain il montra la lettre au Roi, qui le railla encore d'avoir pris la choſe ſi ſérieuſement ; mais enfin les Serpens furent ôtez, & ne ſont plus ſur les volets ; ils ſont ſeulement demeurez en pierre de taille aux fenêtres des Galeries du Louvre, parce que pour les ôter il eut falu faire de furieux échaffaux & de la dépenſe, & que le peuple ſe ſeroit réjoüi aux dépens de qui il appartenoit. M. de Louvois qui ſçavoit cette hiſtoriette, étant allé aux Invalides pendant qu'on y barboüilloit les mauvaifes peintures qui y font, fe mit dans une furieufe colere contre le Peintre, qui vouloit en le peignant auprès du Roi, attraper fa reffemblance : Non, non, lui dit-il, défigurez-moi tous ces vifages où vous avez pris tant de peine, & qu'on ne reconnoiffe que celui du Maître. M. le Brun s'eft moqué de cette politique en peignant la Gallerie de Verfailles.

Colbert fe piquoit d'une grande naiffance, & avoit là-deffus un furieux foible. Je ne fçai s'il avoit tort ou raifon ; je m'en rapporte aux Généalogiftes. Il fit enlever la nuit dans l'Eglife des Cordeliers de Reims une tombe de pierre, où étoit l'Epitaphe de fon grand-Pere, Marchand de Laine, demeurant à l'enfeigne du Long-vêtu, & en fit mettre une autre d'une vieille pierre, où l'on avoit gravé en vieux langage les hauts faits du Preux Chevalier Colbert, originaire d'Ecoffe. L'Archevêque de Reims m'a conté que quelque tems après la Cour ayant paffé à Reims, M. Colbert l'alla voir fuivi du Marquis de Seignelai fon fils, & des Ducs de Chevreufe & de Beauvilliers fes gendres ; & qu'a-

près une courte visite il remonta en carosse, & dit au cocher, *aux Cordeliers.*
L'Archevêque curieux envoya un Grison
voir ce qu'ils y faisoient ; & il trouva
M. Colbert à genoux sur la prétenduë
tombe de ses ancêtres, disant des sept
Pseaumes, & en faisant dire à ses gendres fort dévotement. Il croyoit tromper tout l'univers, ajoûta le bon Archevêque ; & ce qui est plaisant, c'est que
M. de Seignelai étoit dans la bonne foi,
& se croyoit descendu des Rois d'Ecosse. Il avoit nommé un fils Edoüard, à
cause, disoit-il, que les aînez de sa maison en Ecosse avoient tous porté ce
nom-là. Un Ministre m'a pourtant dit
que M. Colbert en frappant son fils
aîné avec les pincettes de son feu, (ce
qui lui est arrivé plus d'une fois,) lui
disoit en colere : *Coquin, tu n'est qu'un
petit Bourgeois ; & si nous trompons le
public, je veux du moins que tu sçaches
ches qui tu es.* Mais ce qui passe tout,
le même Archevêque de Reims, qui
est assez croyable, (il est trop grossier
pour n'être pas sincere,) m'a dit que
Colbert avoit été assez insolent pour
dire au Roi qu'il étoit parent de Madame, & que peut-être le Roi en avoit

crû quelque chose. Il dit aussi à Messieurs de Malthe , qu'il les prioit d'examiner les preuves de son Fils le Chevalier avec la derniere rigueur. Ils le
firent aussi , & trouverent les parche-
mins de trois cens ans plus moisis qu'il
ne falloit. Cette chimere lui étoit mon-
tée à la tête dès les premieres lueurs
de sa fortune ; mais il outra la chose ,
la manifesta , & lui fit passer les mers ,
quand il se vit Ministre , & qu'il ne
trouva plus à son chemin que des com-
plaisans.

Dès que le Cardinal eut rendu l'esprit , le Roi passa dans l'antichambre ,
& dit au Maréchal de Grammont, qu'il
trouva sous sa main : Oh ! M. le Maréchal , nous venons de perdre un bon
ami ; le Maréchal ne répondit rien ,
& se mit à pleurer. Le Roi avoit raison. Le Maréchal de Grammont avoit
été favori des Cardinaux de Richelieu & de Mazarin , qui le connoissant également propre à la Guerre &
dans le Cabinet , l'aimoient tendrement, & le combloient de biens &
d'honneurs. Il avoit suivi le grand Condé dans la plùpart de ses expeditions
militaires ; & lorsque M. de Turenne

par ſes grands ſervices & par ſes qualitez ſuperieures à celles des autres
hommes , fut devenu Maréchal General des Armées de France ; le Maréchal de Grammont fut envoyé à Francfort , où il ne put pas empêcher l'éle-
Ction d'un Prince de la Maiſon d'Autriche , qui depuis tant d'années étoit
en poſſeſſion de l'Empire. Il ſigna la
Ligue du Rhin entre le Roi & les Electeurs Eccleſiaſtiques & le Palatin ; Ligue qui empêcha les Allemans de ſecourir les Eſpagnols dans les Pais-Bas.
Mais lorſque la Paix des Pyrennées fut
ſignée , le Maréchal fut envoyé en Eſpagne pour faire la demande de l'Infante ;
ce qu'il fit d'une maniere magnifique
& galante. Il fit ſon entrée à Madrid
ſur des chevaux de Poſte , ſuivis de
plus de cinquante jeunes Seigneurs
François , pour montrer l'impatience
qu'avoit le Roi de poſſeder la plus belle Princeſſe de l'Europe. Il préfera toûjours l'interêt de l'Etat à ſa gloire particuliere ; & monta à la tranchée au
Siege de Lille à la tête du Regiment
des Gardes , dont il étoit le Colonel,
quoique M. de Turenne ſon cadet com-
mandât l'Armée. Exemple de magna-

nimité , qui depuis a été suivi par le Maréchal de Bouflers à la Bataille de Malplaquet.

Le Roi s'alla enfermer dans son cabinet , & y fit entrer le Tellier & Lionne, qui se trouverent là. Il envoya aussi-tôt le jeune Brienne à Saint - Mandé , chercher le Sur-Intendant , qu'il trouva dans le Parc venant à toute bride , fort en colere contre ses amis , qui ne l'avoient pas averti de l'extrêmité du Cardinal.

Fouquet, le Tellier, & Lionne étoient les trois Ministres dont se servoit le Cardinal. Fouquet étoit Sur - Intendant ; le Tellier, comme Secretaire d'Etat de la Guerre , avoit une connoissance entiere du Gouvernement ; & Lionne étoit Ministre d'Etat depuis qu'il avoit été aux Conferences de Francfort ; & quoiqu'il n'eût point de Charge , il faisoit depuis plusieurs années celle de Secretaire d'Etat des Affaires Etrangeres. Le Cardinal se plaignoit toûjours de lui , en disoit des choses désagréables , & ne pouvoit s'en passer. Toutes les Affaires Etrangeres étoient faites par lui , & ensuite portées au vieux Brienne , ou à son Fils ,

qui étoient obligez de signer sans examiner. Colbert faisoit un personnage
caché. Le Cardinal l'avoit recommandé au Roi comme un homme de confiance ; bon Valet , qui ne songeroit
qu'à le servir , & ne penseroit point
à le gouverner. Le Roi donc pour la
premiere fois, tint le Conseil avec ses
trois Ministres ; Colbert ne fut admis
publiquement que long-tems après. Le
Conseil dura trois jours ; la Reine Mere
fut outrée de dépit de ce qu'on ne l'y
appelloit pas. Elle en parla assez haut :
Je m'en doutois bien , disoit-elle , qu'il
seroit ingrat , & voudroit faire le capable. La Beauvais , sa premiere Femme de Chambre , qu'elle aimoit fort ,
& qu'elle ne nommoit jamais que Cataut , la reprit un peu plus aigrement
qu'il ne lui convenoit. Elle avoit pris
depuis long-tems ces sortes de familiaritez avec sa Maîtresse , & l'y avoit accoûtumée. Cataut ne manquoit ni d'esprit , ni d'experience ; & d'ailleurs elle
avoit ses raisons pour prendre le parti du
Roi.

Après avoir tenu ce Conseil avec ses
trois Ministres , le Roi en tint un autre le lendemain , où il fit appeller le

Chancelier Seguier, & les Secretaires d'Etat, outre Fouquet, le Tellier & Lionne. Il leur dit en Maître, qu'ayant perdu le Cardinal Mazarin, fur qui il fe repofoit de tout, il avoit réfolu d'être à l'avenir fon Premier Miniftre, & qu'il ne vouloit pas qu'aucun d'eux fignât la moindre Ordonnance & le moindre Paffe-port, fans avoir reçû fes ordres. Chacun lui promit une obéïffance entiere, & pas un ne crut qu'il eût la force de faire tout ce qu'il difoit : il commença néanmoins à tenir le Confeil tous les jours avec les trois Miniftres.

Le lendemain de la mort du Cardinal, l'Archevêque de Roüen, qui a été depuis Archevêque de Paris, vint trouver le Roi, & lui dit : Sire, j'ai l'honneur de Préfider à l'Affemblée du Clergé de vôtre Royaume. Vôtre Majefté m'avoit ordonné de m'adreffer à M. le Cardinal pour toutes les affaires ; le voila mort, à qui Sa Majefté veut-elle que je m'adreffe à l'avenir ? A moi, M. l'Archevêque, lui répondit le Roi : je vous expedierai bien-tôt. En effet, j'ai oüi dire plufieurs fois à l'Archevêque qu'il ne comprenoit pas

L iiij

dans les commencemens où le Roi avoit pris toutes les connoissances qu'il avoit.

Les Conseil des Finances étoit alors composé de deux Controlleurs Généraux, de deux Intendans, & du Sur-Intendant, qui regloit tout à sa fantaisie, se contentant de payer aux autres de bons appointemens. Les Finances se gouvernoient ainsi sous le Cardinal Mazarin, qui en disposoit avec une autorité absoluë. Il arrivoit pourtant quelquefois de petites disputes. Un jour Marin, Intendant des Finances envoya signer au vieux Brienne l'état general pour chaque Generalité. Brienne ne voulut point le signer, & dit que l'ordre étoit d'envoyer l'état general aux Intendans des Provinces, pour avoir leur avis sur ce que leur Generalité pouvoit payer pour sa part ; & que six mois après on faisoit l'état particulier de distribution. Marin lui manda que c'étoit la volonté de Son Eminence. Brienne signa, en disant : voila dequoi faire mon procès.

Le Roi ne fit d'abord aucun changement aux Finances. Le Cardinal avoit ordonné en mourant, qu'on chas-

ſât le Tellier Intendant des Finances,
& qu'on donnât ſa Charge à Colbert
pour deux cens mille livres. Mais le Sur-
Intendant ayant trouvé que dans le
juſtice il falloit ſix cens mille livres
pour rembourſer le Tellier ; & l'argent
étant rare, il propoſa au Roi de créer
une troiſiéme Charge d'Intendant pour
Colbert, qui fut ravi de ne point donner deux cens mille livres. A peine fut-
il dans le Conſeil, qu'il en voulut preſque être le maître. Le Roi y aſſiſtoit,
& les Secretaires d'Etat y rapporroient
ſouvent des affaires. Un jour que le
jeune Brienne rapportoit celle de l'E-
vêque de Geneve contre les Magiſtrats
de ſa Ville, à qui il demandoit trois
ou quatre mille livres de rente, qu'ils
avoient accoûtumé de payer à ſes Pré-
deceſſeurs ; Colbert l'interrompit, en
diſant avec chaleur & hauteur, que
le Roi ne vouloit point fâcher Meſſieurs de Geneve, & qu'il aimoit mieux
faire une gratification à l'Evêque. Brienne s'arrêta tout court, & laiſſa évapo-
rer la bile de Colbert ; il demanda enſuite au Roi, s'il continuëroit à rapporter l'affaire, & le Roi lui dit : Nous
en avons de plus preſſées, ce ſera pour

une autrefois. Le bon-homme Brienne qui étoit present, fut fort en colere de ce qu'on avoit interrompu son
Fils : & le Tellier au sortir du Conseil lui dit : Vous voyez sur quel ton
le prend le Sieur Colbert ; il faudra
compter avec lui. Le Tellier aimoit le
jeune Brienne ; il s'étoit joint au Maréchal de Villeroi pour lui faire avoir
la survivance de la Charge de son Pere.
Il lui donnoit souvent des conseils, &
il l'avoit fait instruire par son premier
Commis : il se nommoit M. le Roi,
cousin de mon Pere & mon Parain. C'é-
toit un homme d'une vertu consommée,
qui n'étoit pas sur le pied que sont presentement les Commis. Il étoit fort
estimé du Cardinal, & eût été Secretaire d'Etat, si M. le Tellier eut manqué. J'ai oüi dire qu'il étoit mort fort
à propos , & qu'il commençoit à cau-
ser quelque jalousie dans la maison. Le
Tellier à quelques jours de-là , crut
avoir sujet de se plaindre du jeune
Brienne. Le Roi dit dans son Conseil,
où il n'y avoit que Fouquet , le Tellier & Lionne, qu'il vouloit absolument
que Lionne continuât à faire les Affaires Etrangeres , & qu'il falloit bien

que Messieurs de Brienne obeïssent à l'ordinaire. Fouquet reprit la parole, & dit qu'il répondoit du jeune Brienne. Le lendemain Boucherat, Maître des Requêtes, qui est devenu Chancelier, vint trouver Brienne son ami, & son parent, lui rapporta le discours de Fouquet au Conseil ; & lui dit que M. le Tellier étoit fort en colere de voir qu'il eût pris des mesures avec son ennemi. Brienne tout en courant alla trouver le Tellier, & lui conta ingenument, qu'après la mort du Cardinal, Fouquet lui avoit fait demander son amitié par Langlade leur ami commun, & qu'il lui avoit fait payer seize mille livres, sur quarante qui lui étoient düës de ses pensions ; mais qu'il n'y avoit entre eux aucune liaison particuliere. Le Tellier parut content, & lui dit : Si vous n'avez point tort, comme je le crois, Monsieur, le Sur - Intendant est bien indiscret ; mais ce n'est pas chose nouvelle.

Le Conseil Privé, ou Conseil des Parties, avoit été remis sur le bon pied depuis trois ou quatre ans. Ce grand nombre de Conseillers d'Etat, que la licence des Guerres Civiles avoit in-

troduits , fans qualité & fans merite ,
avoit été reformé. On n'avoit confervé
que douze Confeillers d'Etat ordinaires , & quatorze Semeftres , qui ont été
depuis reduits à douze. On mit auffi
trois Confeillers d'Etat d'Epée & trois
d'Eglife , tous fix ordinaires. Mon Pere
avoit eu beau reprefenter fes fervices
& fon ancienneté , il n'avoit pû obtenir qu'une place de Semeftre. Il avoit
eu des Lettres de Confeiller d'Etat en
1622. & en 1639. au retour d'Allemagne , où il avoit fait plufieurs Traitez avec differens Princes. Il avoit pris
fa place au Confeil comme Semeftre ;
on l'avoit fait ordinaire en 1643. &
comme il étoit Lieutenant General ,
il prit fon rang de 1622. malgré l'op-
pofition de M. d'Aligre , qui a été
depuis Chancelier , & de vingt autres
Confeillers d'Etat , à qui il paffa fur le
corps. Les chofes changerent après les
Guerres de Paris ; & lorfque Monfieur
fe retira à Blois , mon Pere penfa être
chaffé. Le Cardinal l'accufoit d'avoir
voulu faire révolter le Languedoc. Enfin il fut trop heureux de fe contenter de ce qu'on voulut bien lui donner. Il avoit pourtant toûjours été dans

les interêts du Roi , preferablement à
ceux de Monſieur ; mais il n'avoit pas
cultivé le Cardinal. Il avoit paſſé ſa vie
dans les Intendances de Provinces ou
d'Armées , & même dans les Ambaſſa-
des. C'étoit lui qui avoit traité avec la
fameuſe Landgravine de Heſſe. On lui
avoit donné pouvoir dans ſes Inſtruc-
rions de lui accorder juſqu à quatre
cens mille écus , & il n'en avoit cedé
que deux cens : & n'ayant à livrer
que du Papier , dont la Landgravine
ne ſe payoit pas , il avoit été en Hollande emprunter les deux cens mille écus
ſur ſon credit , dont il n'avoit été rem-
bourſé que ſix ans après. Cette petite
injuſtice (ſi pourtant j'oſe parler ainſi)
qu'on a faite à mon Pere , révolta fort
ma Mere contre les Princes ſubalter-
nes ; & ſon dépit fut pouſſé à bout,
lors qu'à la mort de Monſieur elle perdit la Charge de Chancelier , qui lui
avoit coûté cent mille écus. Elle ne
ceſſoit de prêcher à ſes Enfans qu'il
ne falloit jamais s'attacher qu'au Roi ;
& dans ſon Teſtament elle nous le recommandoit ſur toutes choſes. Le Conſeil Privé demeura ſous la direction du
Chancelier , & le Roi n'y aſſiſta que

rarement , & seulement dans certaines
affaires , où l'interêt de l'Etat sembloit
le demander.

Je crois qu'il est assez à propos de
remarquer ici que dans le Conseil, les
Ministres ont toûjours été assis en presence du Roi , & même dans le Conseil des Finances , parce qu'il faut être
à son aise pour écrire , compter & cal-
culer. Il n'y a que le Conseil des Dépêches où tout le monde étoit debout,
jusqu'à ce que le Chancelier le Tellier
ayant demandé au Roi un petit pla-
cet , à cause d'un mal de jambe, Sa
Majesté lui permit de s'asseoir , & accorda la même grace au Maréchal de
Villeroi Chef du Conseil Royal. Les
Princes y sont assis , mais Monsieur n'entre que dans le seul Conseil des Dépêches ; le Roi , malgré l'amitié qu'il a
pour son Frere , s'étant fait une Loi de
conserver un secret inviolable dans les
affaires de l'Etat. Monseigneur depuis
quelques années entre dans tous les
Conseils ; & on l'a éprouvé plusieurs
fois & reconnu fort secret.

Lorsque le Roi prit de nouveaux
Ministres après la mort de M. de Louvois ; il leur dit qu'il n'y auroit point

de rang entre eux : & s'étant mis au bout d'une table longue ; il fit mettre Monseigneur lui même à sa gauche , & à sa droite M. de Croissy , & ensuite M. le Pelletier. M. de Pomponne se mit au-dessous de Monseigneur , & au - dessous de lui M. de Pontchartrain.

Mais revenons en 1661. Le Roi après avoir tenu ses Conseils à la vûë du Public , en tenoit un secret avec Colbert tout seul. On dit que le Cardinal mourant lui avoit conseillé de se défaire de Fouquet , comme d'un homme sujet à ses passions , dissipateur , hautain , qui voudroit prendre ascendant sur lui-même ; au lieu que Colbert plus modeste & moins accredité , seroit prêt à tout , & regleroit l'Etat comme une maison particuliere. On dit même qu'il ajoûta ces mots (& M. Colbert s'en vantoit avec ses amis) je vous dois tout, Sire , mais je crois m'acquitter en quelque façon en vous donnant Colbert. Il ajoûta que pour le Tellier , son esprit sage & timide le devoit faire aimer sans le faire craindre : & que pour Lionne il falloit le regarder comme le seul qui sçût les affaires étrangeres ; s'en servir par necessité en

lui tenant toûjours la bride haute , de
peur qu'il ne s'échapât , & ne lui con-
fier que les affaires qui regardoîent son
emploi.

Colbert depuis trois mois avoit vendu sa Charge de Secretaire des Commandemens de la Reine. Brisacier , à
qui on venoit de rembourser la moitié de sa Charge d'Intendant des Finances , l'avoit achetée cinq cens mille
livres , & vingt mille livres de pot-de
vin à Madame Colbert , croyant faire
sa cour au Cardinal & à Colbert , qui
bien-tôt après lui en témoigna sa profonde reconnoissance , en lui ôtant d'un
trait de plume plus de cinquante mille
livres de rente , qu'il avoit en bon bien
sur le Roi ; & trouva le moyen , en
ne lui faisant payer que cent mille écus,
de le rembourser pleinement par ses
imputations. Son fils Brisacier le Polo-
nois , dont je rapporterai quelque jour
les avantures romanesques , n'a jamais
retiré que deux cens mille livres de sa
Charge ; & son neveu l'Abbé Brisacier
qui depuis trente ans travaille dans les
Missions , & mene une vie exemplaire,
n'a , pour le faire souvenir de la fortune de sa famille , qu'une Abbaye de
huit

huit mille livres de rente , quoi qu'il soit auſſi neveu du vieil Abbé Briſacier, qui pendant pluſieurs maladies de l'Evêque de Rhodez , eut l'honneur de faire la fonction de Precepteur du Roi.

Le Cardinal avoit vendu preſque toutes les Charges de la Reine. Le ſeul Colbert avoit eu celle de Secretaire des Commandemens pour recompenſe de ſervice , & ſongea à en acheter une de Preſident des Comptes. Il en offrit ſept cens mille livres au Préſident de Pontchartrain ; mais ayant appris que toute la Chambre en murmuroit , & menaçoit hautement de lui faire cent difficultez à ſa reception , il n'y ſongea plus , & garda pour ces Meſſieurs un maltalent,qu'il leur a bien fait ſentir dans la ſuite de ſon miniſtere.

On croit qu'une des choſes qui gâta autant Fouquet dans l'eſprit du Roi, fut une querelle qu'il eut dans l'antichambre du Cardinal deux mois avant ſa mort, avec l'Abbé Fouquet ſon frere. Cet Abbé étoit fort inſolent de ſon naturel, & prétendoit que ſon Frere lui devoit ſa fortune. Ils s'étoient broüillez , & ſe dirent publiquement tout ce que leurs ennemis pen-

soient dans le cœur. L'Abbé entre
autres choses reprocha à son Frere ,
qu'il avoit dépensé quinze millions à
Vaux , qu'il donnoit plus de pensions
que le Roi , & qu'il avoit envoyé tantôt trois , tantôt quatre mille pistoles
à des Dames qu'il nomma tout haut.
Le Sur - Intendant piqué au vif reprocha à l'Abbé les dépenses excessives
qu'il avoit faites pour faire l'agréable
auprès de Madame de Chatillon , &
fort inutilement. Le Cardinal fut instruit par l'Abbé même de ce qui s'é-
toit passé ; & selon les apparences il se
servit de cette petite avanture pour
achever de perdre Fouquet dans l'esprit du Roi. Ce Prince après avoir fait
rendre au Cardinal tous les honneurs
imaginables , commença à executer ses
dernieres volontez. Il consentit que
Mancini son neveu , prît la qualité de
Duc de Nevers, & lui donna le Gouvernement du Païs d'Aunis. Il fit ensuite
expedier des Brevets à tous ceux à qui
Son Eminence avoit destiné les Benefices vacans. L'Abbé de Tonnere fut
nommé à l'Evêché de Noyon ; le Maître Docteur de Sorbonne à celui de
Condom ; l'Abbé de Nesmond , à celui

de Bayeux ; l'Abbé Colbert , à celui de Luçon ; Fabri , à celui d'Orange ; Ondondei Evêque de Frejus , à celui d'Evreux , qu'il n'accepta pas. Le Chevalier de Vendôme eut les Abbayes de S. Victor de Marseille , de S. Honorat de Lerins , de Cerify , de S. Manfvy de Toul , & d'Yvry. Le Prince Philippe de Savoye eut Corbeil , le Gard , & S. Medard de Soiffons. Le Cardinal d'Eft eut les Abbayes de S. Vaaft d'Arras , de Moiflac , de Haune - Combe & de Cluny. Le Cardinal Manchini eut les Abbayes de S. Lucien de Beauvais , de S. Martin de Laon , de la Chaize-Dieu , & de Preaux. Et il ne faut pas s'étonner que le Roi laiffât au Cardinal mourant la diftribution de tant de Benefices , puifque nous avons vû arriver prefque la même chofe au Pere Ferrier agonizant. Ce Pere envoya au Roi la veille de fa mort , la feuille des Benefices vacans remplie des noms de ceux qu'il croyoit les plus dignes ; & j'ai oüi dire que Sa Majefté y avoit changé peu de chofe. Il y avoit pourtant cinq ou fix Evêchez à donner , feize Abbayes , & plus de cent Prieurez , Canonicats , ou Chapelles. Et la

M ij

preuve de ce grand credit qu'avoit le Pere Ferier, la voici.

Huit jours avant sa mort, il manda à l'Evêque de Marseille, qui étoit en Pologne, qu'il lui donnoit l'Archevêché de Sens : mais six jours après il lui fit écrire, qu'il ne pouvoit pas lui tenir parole, & que se sentant prêt à mourir, il se croyoit obligé en conscience de mettre à Sens un Evêque qui fût en état de résider ; & effectivement il mit sur la liste Corbon Archevêque de Toulouse, qui fut transferé à Sens. J'ai sçu ces particularitez de Parette neveu du Pere Annat, que le Pere Ferrier avoit chargé d'écrire à l'Evêque de Marseille. L'Evêque de Bayeux m'a conté que lorsqu'il fut nommé (ce fut dix ou douze jours avant la mort du Cardinal) M. le Tellier dit au Président de Nesmond son Pere, il faut que vous alliez remercier le Roi, & lui presenter vôtre Fils ; c'est une nouvelle manœuvre, mais M. le Cardinal le souhaite, & se meurt. Ils y allerent, & le Roi dès la premiere fois leur parla de ce ton de Maître, qu'il a toûjours eu depuis. Je crois, dit-il au Président, que vôtre Fils fe-

ra son devoir ; on m'en a dit beaucoup
de bien. Il m'a conté aussi que M. le
Tellier avoit assûré à son Pere , que
le Roi lui avoit dit quatre jours avant
la mort du Cardinal , je veux gouverner par moi-même , assister reglément
au Conseil , entretenir les Ministres les
uns après les autres , & je suis resolu
de n'y pas manquer un seul jour , quoi
que je prévoye qu'à la longue cela de-
viendra ennuïeux. M. le Tellier alla
tout courant le dire à la Reine Mere
qui lui rit au nez , en lui disant : En
bonne foi , M. le Tellier , qu'en croyez-
vous ? La suite fera bien voir qu'elle
auroit dû connoître un peu mieux ce
Prince vrayment né pour gouverner les
hommes.

Fin du II. Livre.

MEMOIRES

POUR SERVIR

A

L'HISTOIRE

DE

LOÜIS XIV.

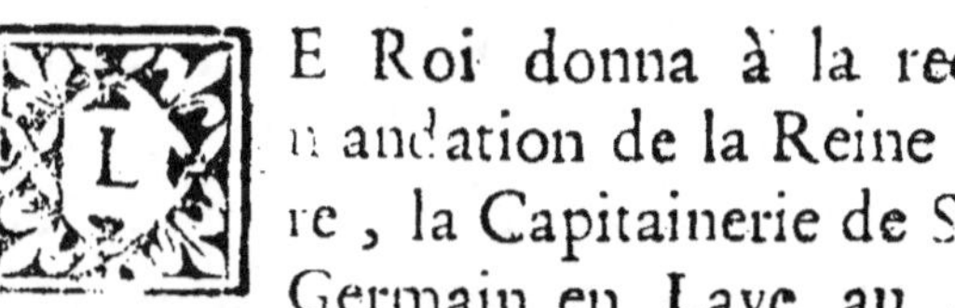

LIVRE TROISIE'ME.

L E Roi donna à la recommandation de la Reine Mere, la Capitainerie de Saint-Germain en Laye au Marquis de Richelieu, qui avoit épousé par amour une Fille de la Beauvais. Il songea ensuite à pratiquer tout de bon les leçons du Cardinal ; mais ne se voulant pas fier absolument à ce qu'il lui avoit dit , il se résolut à en juger par lui-même , & dit en particulier au Sur - Intendant , qu'il vouloit enfin être Roi , & prendre une connoissance exacte & parfaite de ses affaires ; qu'il commenceroit par les Finances , comme la chose la plus importante, pour tâcher de les rétablir , & d'y mettre un bon ordre ; qu'il n'y avoit que lui en France qui pût l'en instruire ; qu'il le conjuroit de le faire sans déguisement ; qu'il se serviroit toûjours de lui , pourvû qu'il le reconnût sincere ; que le passé étoit passé & oublié , mais qu'il prît garde à ne lui point dire une chose pour l'autre. Fouquet protesta de sa sincerité , & commença dès le lendemain à parler au Roi de ses affaires. Il lui exposoit nettement toutes ses dépenses , & entroit sur cet article - là dans un fort grand détail. Beaucoup plus reservé sur la recette , dont il avoit peine à lui découvrir toutes les sources , prévoyant assez que s'il disoit tout , il ne seroit bien - tôt plus necessaire. Il avoit tenu un petit conseil avec ses plus intimes amis ; & leur avoit rapporté le difcours du Roi. De Lorme , Bouchard , & Peliffon qui étoient de ce confeil , lui firent remarquer que dans ce difcours du Roi il paroiffoit beaucoup de fermeté & de bonté ; & qu'il feroit peut-être dangereux de ne lui pas dire les chofes comme elles étoient ; mais il fe mocqua d'eux , les affurant que ces premieres velleïtez de gouverner ne feroient pas long - tems dans l'efprit d'un jeune Roi , entraîné par fes paffions ; & qu'il n'y avoit gueres d'apparence qu'il pût foûrenir huit heures par jour des occupations fi défagréables ; lui que les plaifirs entouroient & appelloient de tous côtez. Il donna au Roi des états de fa dépenfe , qu'il groffiffoit , & de fes revenus qu'il diminuoit , faifant les chofes encore pires qu'elles n'étoient. Le Roi montroit tous les foirs ces états à Colbert , qui lui en faifoit remarquer les fauffetez. Le Roi infiftoit le lendemain avec Fouquet , fans pourtant vouloir paroître trop inftruit ; & Fouquet infolent perfiftoit dans le menfonge. Cette épreuve plufieurs fois réïterée , détermina enfin le Roi à perdre Fouquet. C'eft de Peliffon & de

Parette

Parette que je tiens ces particularitez. Il concerta avec Colbert les moyens de le faire avec sûreté.

Après avoir mis Colbert dans le Conseil des Finances , pour examiner de plus près la conduite de Fouquet , dont l'heure n'étoit pas encore venuë , il songea à la distribution des Benefices. Il fit un Conseil de Conscience composé de Pierre de Marca Archevêque de Touloufe , de Hardoüin de Perefixe Evêque de Rhodez , qui avoit été son Précepteur ; & du Pere Annat Jefuite , son Confeffeur , homme illuftre , qui n'a jamais rien fait pour ses parens , & qui trouvant le poids trop pefant , s'en déchargea fur le Pere Ferrier , & eut l'honneur & la confolation de mourir fimple Religieux. La Reine Mere preffa tant le Roi , qu'il donna auffi une place dans le Conseil de Confcience à la Motte Houdancourt Evêque de Rennes , son grand Aumônier ; mais il n'y demeura pas long-tems. C'étoit une tête de fer, grand Theologien , bon Canonifte , de mœurs irreprochables , digne enfin du pofte qu'il occupoit dans l'Eglife , fi une avarice fordide n'eût pas effacé toutes fes bon-

nes qualitez. Il faisoit enrager les autres ; & le Roi pour s'en défaire lui donna l'Archevêché d'Auch , où il alla résider. On examinoit dans le Conseil de
Conscience tous les Sujets l'un après l'autre. Il étoit difficile d'y faire passer son
ami dans la foule. Le mérite y étoit dis-
cuté severement par trois ou quatre
hommes , qui ne s'accordoient pas toûjours ; & par-là le Prince voyoit la verité ; au lieu que quand tout est à la main
d'un seul , il lui est fort aisé d'insinuer
ce qui lui plaît , de rompre le cou à des
gens qui n'ont personne pour les dé-
fendre , & de faire oublier les indiffe-
rens.

Aussi-tôt après la mort du Cardinal,
le Roi étoit revenu à Paris , & y avoit
assisté au mariage de Marie Mancini
avec le Connêtable Colonne. Il lui fit
des presens magnifiques , & la vit partir sans émotion , ne se souvenant plus
du feu passager qu'autrefois elle avoit
allumé dans son cœur. La Connêtable n'étoit pas de même ; & plus de
dix ans après , lorsqu'elle quitta son
mari , se sauva de Rome , & vint en
France , elle croyoit que le Roi l'aimoit
encore ; & fut fort étonnée de la dé-

fenfe qu'il lui fit faire de venir à la Cour. Elle partit fort mécontente de tout le monde ; du Cardinal fon oncle , qui ne lui laiffoit que cinq ou fix cens mille écus, & qui l'avoit desheritée , difoit-elle , pour donner fon bien à un Etranger ; de fes Sœurs , qu'elle méprifoit & haïffoit ; de Colbert, qu'elle n'avoit jamais pû fouffrir ; & enfin du Roi , qui la laiffoit partir fans fe foucier d'elle. C'eft ainfi qu'elle parloit , & affez publiquement.

Quelques jours après fe fit au Palais-Royal un Mariage plus important. MONSIEUR , Frere unique du Roi , époufa Anne-Henriette d'Angleterre , Princeffe dont l'efprit , les agrémens, & fi j'ofe le dire , les manieres galantes me fourniront beaucoup de matiere dans la fuite. Monfieur venoit d'avoir pour Appanage les Duchez d'Orleans , de Valois , & de Chartres , avec Montargis. Il a eu depuis le Duché de Nemours.

Le Mariage de Madame d'Orleans avec le Prince de Tofcane fe fit auffi , & le Roi lui donna trois cens mille écus; mais on ne parla point des nouvelles prétentions du Grand Duc , il fut traité à l'ordinaire : le Cardinal Mazarin ne pouvoit plus l'appuyer de son crédit. La Princesse étoit belle comme un Ange , & n'avoit pas envie d'aller si loin. Aussi eut-elle peine à consentir à ce mariage. Elle avoit crû épouser le Prince Charles de Lorraine qui lui avoit fait l'amour. Pendant tout l'hiver on joüoit tous les jours au Luxembourg à de petits jeux , à Colin-Maillard ; point de cartes , ce n'étoit point la mode , on rioit cent fois davantage ; il y avoit des violons , mais ordinairement on les faisoit taire pour danser aux chansons. L'affaire avoit été fort avancée ; mais la vieille Mademoiselle avoit tant parlé & chucheté , qu'elle avoit tout rompu. Elle étoit au desespoir que ses Sœurs cadettes & gueuses auprès d'elle , se mariassent à sa barbe. La Princesse de Toscane fut régalée à Fontainebleau , & traitée jusqu'à Marseille par les Officiers du Roi. La Duchesse d'Angoulême l'accompagna jusqu'à Florence , où elle arriva dans l'intention de faire enrager Mari & Belle-mere , en quoi on peut dire qu'elle réüssit admirablement. Il me souvient qu'elle commença par garder son cachet de fille , ne voulant pas , disoit-elle , mêler les Fleurs de Lys, avec ces petits ronds Florentins ; c'étoit bien débuter. Nous verrons dans la suite de ces Memoires qu'elle en a bien fait penitence.

Malgré les dépenses extraordinaires , & le mauvais état des Finances , le Roi ne laissa pas de diminuer les Tailles de trois millions pour l'année 1662. dans la résolution de faire davantage pour le soulagement de ses Peuples , dès qu'il le pourroit. Il alla à Fontainebleau le 20. d'Avril , & y reçut l'hommage que lui fit le Duc de Lorraine pour le Duché de Bar. Il lui avoit rendu la Lorraine par generosité , quoique ce Prince n'eût pas été compris dans le Traité des Pyrennées. Il donna en même-tems le Gouvernement du Païs Messin & du Verdunois au Maréchal de la Ferté , pour le récompenser du Gouvernement de Lorraine qu'il lui ôtoit. Ce Maréchal, quoiqu'un peu brutal , l'avoit bien servi dans la derniere Guerre , & ne s'étoit pas enrichi autant qu'on le disoit.

Le Roi étoit tous les jours cinq ou six heures dans ses Conseils , & entrete-noit souvent ses Ministres en particu-

lier , pour voir s'ils lui difoient les mêmes chofes , que lorfqu'ils étoient enfemble. Il fe faifoit lire toutes les Lettres
des Ambaffadeurs , & y répondoit lui-
même : mais cela ne l'empêchoit pas de
donner toutes fortes de divertiffemens
à fa Cour. Il avoit fait agrandir le ca-
n l de Fontainebleau ; & il s'y prome-
noit tous les jours en caleche avec Madame , & quelques autres Dames. La
Reine étoit groffe , & s'y faifoit porter
en chaife. Les Courtifans étoient à che-
va! , & il y avoit fouvent des parties
de Chaffe l'aprés dînée , & le Bal le foir.
On y donna le Ballet des faifons , où le
Roi reprefentoit le Printems , accompagné des jeux , des ris , de la joye & de
l'abondance. Il y danfa avec cette grace
qui accompagnoit toutes fes actions &
cet air de Maître , qui même fous le maf-
que , le faifoir remarquer entre les Courtifans les mieux faits. Le Comte d'Armagnac , & le Marquis de Villeroi ne
lui faifoient point de tort. Il étoit alors
fort amoureux de Mademoifelle de la
Valliere , & d'autant plus touché , qu'il
en faifoit encore un myftere prefque
impenetrable. Heureux dans fa foi-
bleffe s'il avoit toûjours gardé une pa-

reille conduite ; & si par une vaine os-
tentation de ses plaisirs , il n'eût point
donné de scandale. Mais nous en parle-
rons dans son tems , & nous dirons pour
l'excuser un peu , qu'il fut dans la suite
comme forcé , par la trahison du Marquis de Vardes à faire un éclat , dont sa
conscience souffrira jusqu'au dernier moment de sa vie.

Mademoiselle de la Valliere n'étoit
pas de ces beautez toutes parfaites ,
qu'on admire souvent sans les aimer.
Elle étoit fort aimable ; & ce Vers de la
Fontaine ,
Et la grace plus belle encor que la Beauté,
semble avoir été fait pour elle. Elle
avoit le teint beau , les cheveux blonds ,
le sourire agréable , les yeux bleus , &
le regard si tendre , & en même-tems si
modeste , qu'il gagnoit le cœur & l'estime au même moment ; au reste assez peu
d'esprit , qu'elle ne laissoit pas d'orner tous les jours par une lecture continuelle. Point d'ambition , point de
vûës ; plus attentive à songer à ce qu'elle aimoit , qu'à lui plaire ; toute ren-
fermée en elle-même , & dans sa passion,
qui a été la seule de sa vie ; préferant
l'honneur à toutes choses , & s'expo-

sant plus d'une fois à mourir , plûtôt qu'à laisser soupçonner sa fragilité ; l'humeur douce, liberale, timide, n'ayant jamais oublié qu'elle faisoit mal , esperant toûjours rentrer dans le bon chemin ; sentiment Chrétien, qui a attiré sur elle tous les tresors de la misericorde , en lui faisant passer une longue vie dans une joïe solide, & même sensible, d'une penitence austere. J'en parle ici avec plaisir. J'ai passé mon enfance avec elle. Mon Pere étoit Chancelier de feu Monsieur , & sa Mere étoit femme du premier Maître d'Hôtel de feuë Madame. Nous avons joüé ensemble plus de cent fois à Colin - Maillard , & à la Cligne - musette. Mais depuis qu'elle eut tâté des amours du Roi , elle ne voulut plus voir ses anciens amis , ni même en entendre parler. Uniquement occupée de sa passion qui lui tenoit lieu de tout. Le Roi n'exigeoit point d'elle cette grande retraite , il n'étoit pas fait à être jaloux , & encore moins à être trompé. Enfin , elle vouloit toûjours voir son Amant , ou songer à lui , sans être distraite par des compagnies indifferentes.

La Cour étoit dans la joye & dans l'abondance ; les Courtifans faifoient bonne chere, & joüoient gros jeu. L'argent rouloit, toutes les bourfes étoient ouvertes, & les Notaires en faifoient trouver aux jeunes gens tant qu'ils vouloient. L'ufurier étoit dur, mais prendt-on garde aux conditions quand on eft jeune, & qu'on veut avoir de l'argent ? Ainfi ce n'étoit que Feftins, Danfes, & Fêtes galantes. Le Comte de Saint Aignan, toûjours lui - même, fe diftinguoit entre tous les autres. Il fit dreffer un théatre dans une allée du Parc de Fontainebleau, & il y avoit des fontaines naturelles, des perfpectives, une colation. On y reprefenta une Comedie nouvelle, & la Fête enfin fut fi magnifique, qu'on foupçonna qu'il n'en étoit que l'ordonnateur. Le Roi, la Reine & les Dames s'y trouverent, & en furent fort fatisfaits.

Ce fut alors que le Roi fit le Florentin Lulli Sur-Intendant de fa Mufique. On l'appelloit Baptifte. Il avoit été Valet de pied de Mademoifelle. Il faifoit dès fon enfance de très - beaux airs fans fçavoir aucune note de mufique, & les faifoit noter par des Maîtres qui admiroient son génie. Il apprit depuis la musique dans les regles, & a passé pour le premier homme du monde dans son Art. Aussi original que Corneille & Racine dans les Tragedies, que Moliere dans les Comedies, que Quinaut dans les Opera, que Despreaux dans les Satyres, que la Fontaine dans les Fables. Car il est bon de remarquer en passant, que le Roi a fait pendant la Paix tous ces hommes singuliers que je viens de nommer, à l'exception de Corneille ; tous aussi illustres dans leur genre, que les Condez & les Turennes l'ont été dans le leur. Observation qu'on a faite dans tous les tems, que sous le regne des Héros, il se forme de grands hommes dans toutes les conditions de la vie.

Les divertissemens que le Roi ne prenoit qu'en passant, ne l'empêchoient pas de se donner aux affaires. Il envoya des Ambassadeurs en divers endroits ; l'Archevêque d'Ambrun alla en Espagne ; le Comte d'Estrades, en Angleterre ; la Barde, en Suisse ; Courtin & le Président Colbert furent nommez pour regler les limites de Flan-

dres avec les Commiſſaires d'Eſpagne.
Quelque-tems auparavant le Roi avoit
mis en déliberation dans ſon Conſeil,
s'il pouvoit en honneur & en conſcience ſecourir le Portugal ; & ſes trois Miniſtres avoient conclu qu'il le pouvoit,
n'étant pas plus obligé que le Roi d'Eſpagne à obſerver tous les articles du
Traité de Paix ; & que puiſque les Eſpagnols ne lui faiſoient aucune raiſon ſur
quatre-vingt quatre articles de griefs,
que l'Archevêque d'Ambrun leur avoit
propoſez à Madrid, il en pouvoit faire
autant de ſon côté, & compenſer l'un
par l'autre. Il prit donc la réſolution de
le faire, mais le plus ſecrettement qu'il
ſe pourroit, & chargea Fouquet de cette négociation à l'inſçû des autres Miniſtres. Fouquet ſe ſervit pour cela d'un
nommé la Baſtide, qui avoit eu quelques habitudes à Londres, du tems de
Cromwel. Il fit réſoudre le Roi d'Angleterre à épouſer la Princeſſe de Portugal, & lui promit de lui faire donner
par le Roi deux cens mille écus par an,
qui ſeroient employez au ſecours du
Portugal. Les choſes en étoient là, lorſque le Roi envoya le Comte d'Eſtrades
en Angleterre, ſans lui rien dire de la

négociation secrette que Fouquet avoit
entre les mains. Le Roi d'Angleterre
pressa d'Estrades d'écrire au Roi en faveur des Portugais ; mais le Roi répondit qu'il vouloit executer fidélement le
Traité des Pyrennées. Le Roi d'Angleterre répliqua qu'Henri le Grand n'avoit
pas été si scrupuleux ; & qu'après la Paix
de Vervins , il n'avoit pas laissé de donner de gros subsides aux Hollandois ; à
quoi le Roi répondit qu'il se feroit toûjours honneur d'imiter le Roi son grand-
Pere , & qu'il n'avoit jamais rien fait
contre sa parole ; puisqu'en signant la
Paix de Vervins , il avoit averti le Roi
d'Espagne , qu'il devoit de grandes sommes d'argent aux Hollandois ses bons
Comperes , & qu'il ne prétendoit pas
leur faire banqueroute. Ainsi d'Estrades,
tout habile qu'il étoit , fut joüé par les
deux Rois , sur les affaires du Portugal ,
jusqu'à ce que Fouquet ayant été arrêté ,
le Roi lui découvrit tout le mystere, &
défendit à la Bastide de s'en mêler davantage.

Le Duc d'Epernon mourut en ce
tems-là. Il étoit Chevalier des Ordres
du Roi & de la Jarretiere, Gouverneur
de Guyenne , & Colonel General de

l'Infanterie Françoife. Le Roi fupprima fa Charge, & donna au Maréchal de Grammont le titre de Colonel des Gardes Françoifes, avec la furvivance pour le Comte de Guiche, & les mêmes appointemens qu'avoit le Colonel General. Il avoit donné le Gouvernement de Touraine au Comte de Saint Aignan, qui s'étoit acquis fes bonnes graces par fa gayeté naturelle, & par quelques petits fervices fort fecrets.

Ce M. d'Epernon étoit fils du fameux Duc d'Epernon, le plus puiffant favori d'Henry III. Il étoit ami, ou pour mieux dire, fuivant de Quelus, qui en mourant l'avoit recommandé au Roi fi tendrement, qu'il devint fon Favori.

J'ai oüi dire au vieux Maréchal de Villeroi, que M. de Bellegarde, autre Favori, étoit à la mort d'Henri III. Grand Ecuyer de France, feul Premier Gentilhomme de la Chambre, & Maître de la Garde-Robbe. Il alla auffi-tôt trouver Henri IV. & dès le premier foir coucha aux pieds de fon lit, comme faifoit alors le Premier Gentilhomme de la Chambre. Henri IV. lui dit : Monfieur de Bellegarde, comptons enfemble.

Je vous laiſſe la Charge de Grand Ecuyer ; mais il faut que vous partagiez
vôtre Charge de Premier Gentilhomme
de la Chambre avec le Vicomte de Turenne, qui a toûjours été le mien ; &
que vous cediez celle de Maître de la
Garde-Robbe à Roquelaure, qui eſt
auſſi le mien.

Le Marquis d'Ambre, qui eſt un
vieux repertoire, m'a conté que le Roi
Henri IV. s'étant éveillé la nuit, appella
M. de Bellegarde, & lui propoſa de ceder
la moitié de ſa Charge de Premier Gentilhomme de la Chambre au Vicomte de
Turenne : que deux heures après s'étant
encore éveillé, il lui propoſa de ceder à
M. de Roquelaure la moitié de la Charge de Maître de la Garde-Robbe ; & que
Bellegarde lui dit : Hé bien, Sire, je le
veux bien, mais ne vous réveillez plus,
s'il vous plaît.

Il commença alors à y avoir deux
Gentilhommes de la Chambre. M. d'E-
pernon, qui l'avoit été devant M. de
Bellegarde, renouvella ſes prétentions;
& fit créer pour lui une troiſiéme Charge, & le feu Roi créa la quatriéme pour
M. de Mortemart. La Charge de Colonel de l'Infanterie avoit été fait Charge

de la Couronne fous Henri III. pour
M. d'Epernon, & celle de Grand Maître
de l'Artillerie fut auffi faite Charge fous
Henri IV. pour M. de Sulli. Il femble
qu'en France les Favoris ont la fiévre
tierce. Henri III. en avoit, Henri IV.
n'en eut point. Loüis XIII. en a eu.
Loüis XIV. n'en aura jamais. Je ne prens
guere d'interêt à ce qui arrivera après
lui. Henri IV. avoit pour ami M. de
Biron, & s'en vantoit publiquement,
lorfqu'il rentra dans Paris, & qu'il reçût
les complimens du Parlement dans l'Hôtel de Schomberg, qui eft prefentement
l'Hôtel d'Aligre. Il leur dit : Meffieurs,
voilà M. de Biron, c'eft un homme que
je prefente volontiers à mes amis & à
mes ennemis. Loüis le Grand eût dit
fort volontiers la même chofe de M. de
Turenne ; mais ces familiaritez royales
ne font plus à la mode : & je ne fçais fi
les Rois ont bien fait de les abolir. On
les craint, on les aimoit. Henri IV. étoit
le plus grand Roi & le meilleur homme
du monde. Un jour M. du Maine vint
fe plaindre à lui de l'infolence de M. de
Balagni, qui avoit fait appeller en duel
le Duc d'Eguillon fon fils. Balagni eft
bien-heureux, difoit M. du Maine, que

je n'aye pas été chez moi, je l'aurois fait pendre à la grille. Le Roi ne fit que se retourner vers ceux qui étoient dans la chambre , & leur dit : Le bon-homme se sent encore de la Ligue. Ce grand Roi avoit ses foiblesses comme un autre homme. Il étoit amoureux de la Duchesse de Beaufort , & vouloit absolument l'épouser.Il nomma Sanci son Ambassadeur à Rome pour faire casser son mariage avec la Reine Marguerite , sous prétexte de sa mauvaise conduite ; mais Sanci ne voulut point se charger de la commission : Sire , lui dit-il, avec une franchise de vieux Courtisan , il vaut mieux que vous gardiez celle que vous avez , au moins est-elle de bonne maison.

Un jour un Ambassadeur d'Espagne causant avec Henri I V. lui disoit qu'il eût bien voulu connoître ses Ministres , pour s'adresser à chacun d'eux suivant son caractere. Je m'en vais, lui dit le Roi , vous les faire connoître tout à l'heure. Ils étoient dans l'antichambre en attendant l'heure du Conseil. Il fit entrer le Chancelier de Silleri, & lui dit : M. le Chancelier , je suis fort en peine de voir sur ma tête un plancher

qui

qui ne vaut rien , & qui menace ruine.
Sire , dit le Chancelier , il faut confulter des architectes , bien examiner toutes chofes , & y faire travailler , s'il eft
befoin , mais il ne faut pas aller fi vîte.
Le Roi fit enfuite entrer M. de Villeroi , & lui tint le même difcours. Il répondit , fans regarder feulement le plancher : Vous avez grande raifon , Sire ;
cela fait peur. Après qu'ils furent fortis , entra le Prefident Jeannin , qui à
la même queftion , répondit fort diffe-
remment. Sire , dit-il au Roi, je ne fçais
pas ce que vous voulez dire ; voila un
plancher qui eft fort bon. Mais , reprit le Roi , ne vois-je pas là-haut des
crevaffes, ou j'ai la berluë. Allez, allez,
Sire , répondit Jeannin , dormez en repos , vôtre plancher durera plus que
vous. Quand les trois Miniftres furent
fortis, le Roi dit à l'Ambaffadeur : Vous
les connoiffez prefentement. Le Chancelier ne fçait jamais ce qu'il veut faire.
Villeroi dit toûjours que j'ai raifon.
Jeannin dit tout ce qu'il penfe , & penfe
toûjours bien ; il ne me flatte pas, comme vous voyez.

Ce grand Prince étoi prompt , mais
bien-tôt la raifon le failoit revenir. Le

Colonel Tifche , qui commandoit les Suiffes dans fon Armée , lui vint demander les montres des Suiffes la veille de la bataille de Dreux. Le Roi qui n'avoit point d'argent fe mit dans une furieufe colere , le traita fort mal , & fe porta à des paroles injurieufes. Le lendemain en rangeant fes troupes en bataille , il fe fouvint de ce qu'il avoit fait : & quand il fut devant le Bataillon Suiffe : Colonel Tifche , lui dit-il en l'embraffant , j'ai tort à vôtre égard, & je vous fais toutes réparations. Ah ! Sire , lui répondit le vieux Colonel , vos bontez me vont couter la vie. Effectivement on donna la bataille , & il fut tué.

Revenons d'où je fuis parti. Le Maréchal de Vivonne écrivoit de Meffine au Roi, & finiffoit fa lettre par ces mots: *Nous avons befoin ici de dix mille hommes pour foutenir l'affaire.* Il la donna à cacheter à l'Intendant du Terron , qui ajoûta après les dix mille hommes , *& d'un General.* Ce du Terron avoit bien de l'efprit.

Ce fut un peu aprés la mort du Duc d'Epernon , que le Duc de Richelieu ne voulant faire la Guerre , ni par Terre, ni par Mer, vendit le Gouvernement du Havre au Maréchal Duc de Noailles, & la Charge de General des Galeres au Marquis de Crequi. Il eut cent mille écus du Havre, & ſept cens mille livres des Galeres, & employa cet argent, ſuivant la coûtume inviolablement obſervée par les heritiers des premiers Miniſtres, qui ne font gueres de contrats de conſtitution.

Je paſſe legerement ſur tous les évenemens publics ; on les trouve écrits par tout : & je ne veux m'arrêter que ſur de certaines choſes ignorées du commun des hommes.

Le Roi au milieu de ſes affaires & même de ſes plaiſirs, ſongeoit toûjours à ſe défaire du Sur-Intendant. Ce Miniſtre avoit déja donné aſſez de priſe ſur lui. Ses diſſipations effroyables, neuf ou dix millions au moins dépenſez à Vaux, tandis que la Maiſon du Roi n'éto t pas payée ; les penſions ſecrettes qu'il donnoit aux Courtiſans, les treſors qu'il jettoit à la tête de ſes amis ; les fortifications qu'il faiſoit faire à Belle-Iſle, comme s'il avoit eu des deſſeins de Guerre ; ſa négligence dans les Affaires, tout cela étoit plus que ſuffiſant

pour lui faire son procès dans les formes ; outre qu'il y avoit une necessité
absoluë de changer de Sur-Intendant,
pour avoir occasion de ne pas donner
tout ce qu'il avoit promis, & pour dé-
poüiller tous ceux qui s'étoient en-
richis. Il avoit encore le défaut d'être
insolent, & si je l'ose dire, insatiable
sur le chapitre des Dames. Il attaquoit
hardiment tout ce qui lui paroissoit
aimable, persuadé que le merite sou-
tenu de l'argent, vient à bout de tout.
Il osa lever les yeux jusqu'à Mademoiselle de la Valliere ; mais il s'apperçût
que la place étoit prise ; & voulant se
justifier auprès d'elle & de son Amant
secret, il se donna la mission de confident ; & l'ayant mise à un coin dans
l'antichambre de Madame, il lui vouloit dire que le Roi étoit le plus grand
Prince du monde le mieux fait, &
autres mêmes propos : mais la Demoiselle fiere du secret de son cœur, cou-
pa court, & dès le soir s'en plaignit au
Prince, qui n'en fit pas semblant, &
ne l'oublia pas. Madame du Plessis-Bel-
liere, amie de Fouquet, l'avoit aussi
attaquée, en lui disant que M. le Sur-
Intendant avoit vingt-mille pistoles à

son service ; & sans se fâcher elle lui avoit répondu, que vingt millions ne lui feroient pas faire un faux pas ; ce qui avoit fort étonné la bonne confidente, peu accoûtumée à de pareilles réponses.

Le Roi étoit donc résolu de perdre Fouquet ; mais sa Charge de Procureur General du Parlement étoit un rempart, à l'abri duquel il sembloit être en sûreté. A peine sortoit-on des Guerres Civiles, où la puissance de cette Compagnie n'avoit que trop éclaté. Il n'étoit pas à propos de lui fournir de nouveaux sujets de plaintes, en faisant faire le procès par des Commissaires, à l'un de ses principaux Officiers : & d'ailleurs, s'en remettre au jugement de cent cinquante personnes, qui veulent tous opiner longuement, c'étoit la mer à boire, & peu d'assurance de bonne Justice. Il falloit donc persuader à Fouquet de vendre sa Charge de Procureur General ; la chose n'étoit pas aisée. Colbert, par son propre interêt, mêlé d'un peu de zele, se chargea de la commission ; & pour en venir à bout, il fit les démarches les plus humbles, pour s'insinuer dans l'esprit de Fou-

quet. Il le prit par les loüanges , & fit
si bien que ses manieres soumises lui
firent presque oublier les démêlez qu'ils
avoient eu ensemble, du tems du Cardinal. Il y avoit déja long-tems que
Colbert , pour avoir sa place , lui rendoit de mauvais offices , en tâchant de
diminuer son credit parmi les gens
d'affaires. La chose étoit allée si loin ,
que Fouquet s'en étant plaint amere-
ment. Le Cardinal lui dit à Toulouse
qu'il le prioit d'oublier pour l'amour
de lui tout ce qui s'étoit passé ; que
Colbert n'y retourneroit plus ; qu'il lui
feroit volontiers le sacrifice d'un autre
homme ; mais que celui-là étant seul
instruit & chargé de toutes les affaires
de sa maison , il ne pouvoit s'en passer.
Il semble qu'un pareil éclat devoit rompre entr'eux toute intelligence ; & cependant Fouquet ne laissa pas d'écouter les doux propos de son ennemi ré-
concilié par force. Il le crut encore
trop foible auprés du Roi pour oser
entreprendre de voler de ses propres
aîles , & lui donna chez lui des en-
trées particulieres , qu'il n'accordoit qu'à
ses meilleurs amis. Colbert en profi-
ta, & dans ses conversations ne man-

qua pas de lui faire remarquer la mine
tendre & la confiance aveugle que le
Roi avoit pour lui. Dans le même tems
ce Prince ne parloit que de M. le Sur-
Intendant, l'envoyoit chercher à tous
momens, decidoit une infinité de petites chofes par fon avis, fans confulter
fes autres Miniftres; lui accordoit toutes les graces qu'il demandoit, & venoit
de recevoir avec des diftinctions particulieres l'Evêque d'Agde fon frere pour
Maître de l'Oratoire. Colbert faifoit
valoir tout cela. Fouquet perfuadé &
attendri, juroit qu'il donneroit fa vie
pour le Roi. J'en ferois autant, reprit
Colbert; mais à quoi lui fervent toutes ces paroles, il n'y a pas un fol dans
l'Epargne, & vous fçavez, Monfieur,
combien les moyens extraordinaires
font difficiles & dangereux. Vous avez
raifon, dit Fouquet, je vendrois de
bon cœur tout ce que j'ai au monde
pour donner l'argent au Roi. Colbert
ne voulut pas aller plus loin : mais dans
la fuite de leurs converfations en parlant de la Charge de Préfident à Mortier, dont Fieubet avoit offert dix-huit
cens mille livres; Fouquet de lui-même
dit, qu'il n'en auroit gueres moins

s'il vouloit de sa Charge de Procureur General , & que le même Fieubet lui en avoir offert quinze cens mille livres. Mais , Monsieur , reprit Colbert, est ce que vous la voudriez vendre ? il est vrai qu'elle vous est assez inutile. Un Sur-Intendant Ministre n'a pas le tems de voir des procés. La chose en demeura là , mais ils en parlerent si souvent , que Fouquet se croyant assuré de l'esprit du Roi , dit un jour à Colbert , qu'il avoit envie de vendre sa Charge pour en faire un sacrifice au Roi. Ce fut alors que Colbert se jetta dans des acclamations ; & Fouquet enyvré de la belle action qu'il croyoit faire , alla sur le champ le dire au Roi , qui le remercia , & accepta l'offre sans balancer , en lui cachant le veritable sujet de sa joye. Le Roy dés le même soir ne manqua pas de dire à Colbert , tout va bien , il s'enferre de lui-même ; il m'est venu dire qu'il porteroit à l'Epargne tout l'argent de sa Charge. J'ai appris ces particularitez de Perrault , à qui Colbert les a contées plus d'une fois.

Cette négociation dura jusqu'au mois d'Août ; & dès que Fouquet eut vendu du sa Charge à M. de Harlai, bon homme, homme de bien, mais qui n'en étoit pas fort capable ; & qu'il eut fait porter un million à Vincennes, où le Roi le voulut avoir pour des dépenses secrettes, Sa Majesté lui redoubla ses caresses. D'autre côté Colbert qui s'étoit contraint pendant trois ou quatre mois, ne le menagea plus, & ne garda plus de mesures avec un homme, qu'il vouloit, & qu'il croïoit pouvoir pousser à bout. Le Roi ne crut pas le devoir faire arrêter à Paris ; & par un excès de prévoïance, dont il n'avoit pas besoin, il l'engagea à lui donner une Fête dans sa belle Maison de Vaux, résolu de le faire arrêter au milieu des hautbois & des violons, dans un lieu qui se pouvoit dire une preuve parlante de la dissipation des Finances. Mais avant l'execution, n'ayant pû s'empêcher d'en faire confidence à la Reine Mere, elle lui dit tant de raisons pour l'en empêcher, qu'il resolut deslors de faire le voyage de Nantes, sous prétexte d'aller presser les Etats de Bretagne d'accorder ce qu'il leur demandoit. La Reine Mere avoit quelque peine à abandonner Fouquet, persuadée que

Colbert plus rustique lui laisseroit encore moins de credit. La vieille Duchesse de Chevreuse l'avoit pourtant
gagnée à une Fête qu'elle lui donna exprès à Dampierre , afin de l'entretenir
plus à son aise ; & ce fut là l'origine de
la liaison qui se forma depuis entre Colbert & la Maison de Luines.

Le Roi ne put pas s'empêcher d'aller à Vaux, ou tout étoit prêt pour le
recevoir. Il avoit dans sa caleche Monsieur , la Comtesse d'Armagnac , la Duchesse de Valentinois , & la Comtesse
de Guiche. La Reine Mere y alla dans
son carosse , & Madame en littiere. On
y representa pour la premiere fois les
Fâcheux de Moliere , avec des Balets
& des récits en musique dans les Inter-
medes. Le théatre étoit dressé dans le
Jardin , & la décoration étoit ornée
de fontaines veritables , & de veritables
orangers : & il y eut ensuite un
feu d'artifice & un bal , où l'on dansa
jusqu'à trois heures du matin. Les Courtisans qui prennent garde à tout , re-
marquerent que dans tous les plafonds
& aux ornemens d'architecture , on
voyoit la devise de M. le Sur-Intendant.
C'étoit un Ecureuil (ce sont ses

armes) qui montoit fur un arbre avec ces paroles : *Quo non afcendam ?* où ne monterai-je point ? Mais ils n'ont remarqué que depuis fa difgrace , qu'on y voyoit auffi par tout des Serpens & Couleuvres , qui fiffloient aprés l'Ecureüil. Au milieu de la Fête M. le Sur-Intendant reçut un billet de Madame du Pleffis-Bellierre , qui lui donnoit avis qu'on devoit l'arrêter à Vaux , mais que la Reine Mere avoit fait changer l'ordre.

La Cour étoit à Fontainebleau ; & Fouquet , quoique la Fête eût fort bien réüffi , commença à foupçonner qu'on le vouloit perdre. Gourville , homme d'efprit , & fon ami particulier , lui en donnoit tous les jours de nouveaux avis. Il lui dit que le Roi piqué de la magnificence de Vaux , qui effaçoit de bien loin Fontainebleau , & toutes les autres Maifons Royales , n'avoit pas pû s'empêcher de dire à la Reine Mere : Ah ! Madame ! eft-ce que nous ne ferons pas rendre gorge à tous ces gens-là. Il lui arriva même une petite avanture , qui fit juger à lui & à tous fes amis, qu'il n'étoit pas trop bien à la Cour.

Le Comte de Saint Aignan lui parla dans l'antichambre du Roi devant tout le monde avec la derniere hauteur, se plaignant de lui, & renonçant à son amitié. Or l'on sçavoit que Saint Aignan étoit alors un petit Favori, & trop bon Courtisan, pour être si fier avec un Ministre qu'il eût crû bien établi. Il voyoit de plus que le Roi avoit créé exprès pour Colbert une troisiéme Charge d'Intendant des Finances, afin qu'il observât toutes ses actions. Mais il vit sa perte plus clairement dans un Conseil qui fut tenu quatre jours avant le voyage de Nantes. Le Chancelier & tous les Secretaires d'Etat y étoient avec les trois Ministres. Le Roi y proposa d'abolir absolument les Ordonnances de Comptant, que les Sur-Intendans donnoient sous prétexte de dépenses secrettes. Sa Majesté fit assez connoître par son discours que c'étoit son intention. Le Chancelier appuya fortement l'avis du Roi; & Fouquet n'étant pas maître de lui, au lieu d'opiner s'écria, Je ne suis donc plus rien? Il sentit dans le moment qu'il venoit de dire une sottise, & tâcha de la réparer, en disant qu'il faloit donc trouver d'autres moyens de cacher les dépenses secrettes de l'Etat, & le Roi dit qu'il y pourvoiroit. Le jeune Brienne étoit present au Conseil, & m'a conté que dans le moment que Fouquet lâcha cette parole indiscrette, *Je ne suis donc plus rien?* Le Tellier donna un coup de coude au bon-homme Brienne qui étoit auprès de lui.

On partit pour Nantes quatre jours après. Fouquet fit le voyage avec Lionne son ami ; & le Tellier mena Colbert avec lui. Ils prirent des Cabanes à Orleans, & s'embarquerent sur la Loire. Les Courtisans disoient hautement que ce voyage seroit fatal à Fouquet ou à Colbert. On voyoit assez qu'ils ne pouvoient pas vivre ensemble, & que l'un des deux perdroit bien-tôt l'autre. Mais le commun avis étoit que Fouquet seroit le plus foible, & le malheureux. Rose m'a conté qu'étant à Fontainebleau deux jours avant le voyage de Nantes, il trouva sur le grand escalier de la cour du Cheval blanc Seron de la Sironade, qui lui dit tout bas en passant ; M. Roze, on va faire le procès au Sur-Intendant, & il sera pendu. Roze se mit à rire, & passa son chemin.

Mais pour revenir au voyage, le jeune Brienne avoit aussi pris une Cabane à Orleans, & y avoit donné place à un Commis de Nouveau General des Postes. Ils virent passer l'une après l'autre les deux cabanes où étoient les Ministres, magnifiquement parées & menées chacune par douze ou quinze Rameurs. Le Commis de la Poste dit en les voyant passer, l'une de ces deux Cabanes fera naufrage à Nantes; voulant faire entendre que ce voyage se faisoit pour perdre Fouquet ou Colbert. Brienne le pressa de lui dire ce qu'il en sçavoit, mais il fit le mysterieux, & il y a apparence qu'il en avoit seulement oüi parler chez Nouveau, homme de bonne chere, où toute la Cour étoit tous les jours.

Fouquet avoit été averti par ses amis il y avoit plus d'un mois. Il avoit profité de leurs avis, & croyoit s'être mis à couvert de l'orage en ouvrant son cœur au Roi, & lui parlant cette fois avec sincerité, mais il n'étoit plus tems. Le Roi outré contre lui d'avoir vû cinq mois durant qu'il le trompoit,

avoit pris ſes meſures avec Colbert , &
les choſes étoient trop avancées pour
les changer. Il diſſimula à ſon ordinaire , & lui fit plus de careſſes que jamais. Il fit le voyage en poſte à cheval , ſuivi de M. le Prince & de M. le
Duc , de M. de Turenne , de M. de
Boüillon , & d'une trentaine de Courtiſans , & fut régalé en chemin (je crois
à Saumur par Nouveau General des Poſ-
tes.) Il arriva à Nantes le premier Sep-
tembre , il alla loger dans le Château.
Fouquet fit marquer ſon Logis à l'autre
bout de la Ville ; on n'en devina pas d'a-
bord la raiſon. On a ſçu depuis qu'il
y avoit dans cette maiſon un acqueduc ſous terre , qui rendoit à la riviere , & qu'il ſongeoit à ſe ſauver par-là
dans Belle-Iſle , en cas qu'on vînt pour
l'arrêter. Il étoit parti de Fontainebleau
avec la fievre tierce , & la fatigue du
voyage avoit redoublé ſes accès. Le Roy,
à qui l'on dit qu'il étoit aſſez mal , ordonna au Comte de Brienne d'aller ſça-
voir de ſes nouvelles. Le Comte arriva dans la maiſon à trois heures après
midi , & trouva Madame la Sur-Inten-
dante avec Gourville dans une ſalle ,
qui faiſoit danſer devant elle des pay-

sanes de Belle-Isle. Elle lui dit que M.
le Sur-Intendant ne voyoit personne,
& qu'il étoit dans son accès. Il repliqua
qu'il faloit qu'il le vît, & qu'il venoit
lui parler de la part du Roi. On le fit
monter ; il trouva le Sur-Intendant
couché sur son lit dans des robbes de
chambre, tremblant la fievre assez fort.
Il lui dit que le Roi étoit en peine de
sa santé, & qu'il l'envoïoit pour sçavoir de ses nouvelles. Le Sur-Intendant
reçut le compliment avec grande joye,
& s'écria : Le Roi a bien de la bonté
pour moi. Il pria ensuite Brienne de dire au Roi qu'il lui répondoit des Etats
de Bretagne ; que plusieurs Députez
l'étoient venus trouver, & qu'ils feroient tout ce que Sa Majesté souhai-
toit, & au-delà. Brienne vouloit s'en
aller de peur de l'incommoder. Il le
pria de s'asseoir au chevet de son lit, &
lui dit avec un air gai : Monsieur, vous
êtes de mes amis. (Ils s'étoient racom-
modez depuis trois ou quatre mois, &
le Sur-Intendant lui avoit fait payer
seize mille livres sur ce qui lui étoit
dû de ses pensions.) Il lui dit donc,
vous êtes de mes amis, je vais m'ouvrir à vous. Colbert est perdu, & ce

sera demain le plus beau jour de ma vie.
Il lui demanda enfuite s'il n'y avoit rien
de nouveau à la Cour. Brienne lui dit
que ce matin là on n'entroit plus chez
le Roi par le chemin ordinaire, qu'il
falloit paffer l'un après l'autre par un
petit corridor fort étroit ; que Roze Secretaire du Cabinet écrivoit fur une petite table dans ce corridor, & qu'il étoit
obligé de fe lever à chaque perfonne qui
paffoit ; que M. de Gêvres Capitaine des
Gardes du Corps en quartier, & Chamarante premier Valet de Chambre
étoient feuls à la porte du cabinet ; que
le Roi y avoit été enfermé tout le matin, & que quand il étoit entré dans
le cabinet, le Roi avoit jetté un grand
morceau de taffetas vert fur une table
couverte de papiers ; que tous ces petits changemens donnoient à raifonner
aux Courtifans. Il n'ajoûta pas qu'il
venoit de voir dans fa ruë à cent pas de
fa porte deux Moufquetaires qui pa-
roiffoient y être par ordre, & qui l'a-
voient fort examiné en paffant. Fouquet
lui dit que tout cela regardoit Colbert :
& Brienne n'ofa lui dire qu'il n'en
croyoit rien.

Brienne étant retourné au Château

rendre compte de sa commission , trouva l'appartement du Roi ouvert à son ordinaire ; on ne passoit plus par le corridor. Le Roi lui ordonna de retourner le soir chez M. le Sur-Intendant, & de lui dire qu'il ne manquât pas d'être au Conseil le lendemain à sept heures du matin. Brienne n'y alla qu'à onze heures du soir , & trouva Fouquet abatu de corps & d'esprit. La fievre l'avoit extrêmement tourmenté , & il lui étoit venu tant d'avis & de tant de côtez , qu'enfin il avoit ouvert les yeux. Toute la ruë & les environs de sa maison étoient remplis de Mousquetaires. Monsieur,dit-il à Brienne , on vient de me dire que Chavigni Capitaine aux Gardes (ç'a été depuis le fameux Pere de Chavigni Pere de l'Oratoire) est monté sur deux grands bateaux avec sa Compagnie , pour aller se saisir de Belle-Isle. Gourville me presse de me sauver par l'acqueduc dans sa maison. Malgré tous les Mousquetaires du monde , il pouvoit encore gagner la riviere , où un petit bateau l'attendoit : c'étoit être passablement indiscret. Mais ajoûta-t-il avec fermeté , je n'en veux rien faire , il en faut courir le risque. Je ne puis croire que tout ceci soit contre moi. Il conta alors à Brienne qu'à Fontainebleau il avoit representé au Roi que le Cardinal faisoit tout à sa tête, & sans observer aucune formalité ; qu'il lui avoit fait faire beaucoup de choses , dont il pouvoit être recherché ; que lui en son particulier avoit aussi fait des fautes considerables , & des dépenses excessives ; & que pour mettre sa conscience & son honneur en sûreté , il supplioit le Roi de lui pardonner tout le passé, & qu'il étoit persuadé que Sa Majesté avoit eu la bonté de le faire. Il se coucha là-dessus tranquille ou non. Brienne crut , ou fit semblant de croire tout ce qu'il lui avoit dit , & s'en alla. Il y retourna le lendemain à six heures du matin, suivant l'ordre du Roi , pour faire lever M. le Sur-Intendant, afin qu'il fût au Château à sept heures du matin précises. Mais il trouva les portes de la maison gardées par les Mousquetaires, qui lui dirent que le Sur-Intendant étoit déja parti pour aller chez le Roi. Il vit bien alors que c'étoit un homme perdu, & il revint au Château à toute bride. Fouquet étoit déja au Conseil , il avoit vû les Mousquetaires rangez en bataille dans la Place, & avoit crû que le Roi vouloit aller à la chasse. Il monta en haut. Le Conseil se tint à l'ordinaire ; le Roi lui demanda encore quatre-vingt dix mille livres , pour distribuer aux Officiers de la Marine. Le Tellier sortit du Conseil le premier, & mit dans la main de Boucherat, qui depuis est devenu Chancelier, & qu'il trouva dans l'antichambre, un petit billet , en lui disant à l'oreille : *Lisez vîte, & executez.* Boucherat étoit alors Maître des Requêtes & Conseiller d'honneur au Parlement de Paris , & faisoit les fonctions de Commissaire du Roi aux Etats de Bretagne. Il descendit le degré , ouvrit son billet , & y lut ces mots : *Le Roi vous ordonne d'aller tout à l'heure mettre le Scellé chez M. le Surintendant* , qui descendoit lui-même le degré, pendant que Boucherat lisoit , & en passant il lui donna le bon jour. Il monta ensuite dans sa chaise , pour aller à la Messe.

Cependant Artagnan , Capitaine-Lieutenant des Mousquetaires, avoit eu ordre du Roi de l'arrêter au sortir du Conseil , mais hors de l'enceinte du Château pour ne pas fâcher le Capitaine des Gardes du Corps. Il l'avoit manqué

d'un moment ; parce qu'ayant vû def-
cendre M. le Tellier , il l'avoit fuivi au
bout de la cour, où il s'étoit allé prome-
ner fous des arbres , avec la Feuillade.

Il lui demanda s'il n'y avoit rien de
changé , le Tellier lui dit que non , &
pendant ce tems-là Fouquet étoit paffé.
Artagnan tout éperdu , courut dans la
Place qui eft dans le Château. Il demanda tout bas à Roze s'il n'avoit point vû
M. le Sur-Intendant. Roze lui dit qu'il
étoit forti du Confeil. Il alla tout courant le chercher , & le trouva dans fa
chaife qui alloit à la Meffe. Il lui envoya
dire par Maupertuis qu'il eût bien voulu lui dire une parole. Le Sur-Intendant
fortit auffi-tôt de fa chaife , & Artagnan
fans perdre de tems, lui dit : *Monfieur ,*
je vous arrête par ordre du Roi. Il ne parut point étonné , & lui dit feulement :
Mais , M. d'Artagnan , eft-ce bien moi
à qui vous en voulez. Oüi , Monfieur ,
reprit Artagnan, & fans plus de difcours
le fit monter dans un caroffe entouré de
cent Moufquetaires , qui le conduifirent
fur le champ au Château d'Angers. Boucherat pendant ce tems-là fe faififfoit de
tous fes papiers.

Roze étoit monté dans la chambre

du Roi. Il trouva à la porte Maupertuis, qui lui dit tout bas : Monsieur, faites-moi parler au Roi. Roze lui dit de s'adresser aux Huissiers de la Chambre. Maupertuis dit que les Huissiers se mocquoient de lui, & lui fermoient la porte au nez. Roze lui repliqua qu'il en étoit fâché ; mais Maupertuis lui ayant dit avec fermeté : Hé bien, Monsieur, vous en répondrez en vôtre propre & privé nom ; Roze eut peur, & s'avança vers la porte du cabinet du Roi. Aussi-tôt le Marquis de Gêvres, Chamarante, & quelques autres Courtisans lui dirent, que le Roi vouloit être seul. Roze ne laissa pas de grater à la porte du cabinet. Le Roi étoit enfermé avec M. le Tellier, & vint ouvrir lui-même la porte, en disant d'un ton chagrin : Qui est-ce qui est là ? Roze lui dit que Maupertuis vouloit absolument lui parler. On le fit entrer, & il dit au Roi que M. le Sur-Intendant avoit été arrêté. Alors Sa Majesté passa dans la chambre, & dit tout haut aux Courtisans qui s'y trouverent : J'ai fait arrêter le Sur-Intendant. Il est tems que je fasse moi-même mes affaires.

Maupertuis, qui a été depuis Capitaine - Lieutenant des Mousquetaires, suivoit la Cour sans emploi, & ce jour-là le Roi lui avoit ordonné de suivre Artagnan, & de faire tout ce qu'il lui commanderoit.

Le Roi avoit fait partir en poste du Vouldi Gentilhomme ordinaire, pour aller faire mettre le Scellé dans la maison de Fouquet à Paris, à Saint Mandé, & à Vaux. Il alla le plus vîte qu'il pût, & n'arriva pourtant à Paris que douze heures après un Valet de Chambre du Sur-Intendant; il s'appelloit *La Forest*, & sans prendre l'ordre de personne, dès qu'il vit son Maître arrêté, il s'en alla à pied à deux lieuës de Nantes, où il sçavoit qu'étoit le premier relais. Le Sur-Intendant n'avoit jamais fait de voyage avec la Cour, qu'il n'eût établi des relais de sept lieuës en sept lieuës hors du grand chemin, sur la droite & sur la gauche.

Il avoit par ce moyen-là des nouvelles plûtôt que le Roi, ou M. le Cardinal; & la Forest dont il se servoit ordinairement pour ses courses, ne perdit pas un moment. Il poussa tous les relais, & porta la nouvelle de la prise

de son Maître à Madame du Plessis-
Bellierre son amie intime. Elle envoya
chercher aussi-tôt l'Abbé Fouquet &
Brevant. Ils tinrent conseil. L'Abbé
étoit d'avis de mettre le feu à la maison de Saint Mandé, & de brûler par
ce moyen-là tous les papiers qui pouvoient faire tort à son Frere. Mais Madame du Plessis Bellierre s'y opposa,
& dit que c'étoit le perdre absolument ;
qu'on ne le condamneroit pas sans l'entendre ; que c'étoit se défier de son innocence ; qu'on n'avoit rien à lui reprocher, depuis que le Roi gouvernoit
par lui-même ; & que pour le tems
précedent, il n'avoit rien fait que par
l'ordre du Cardinal. Brevant sans opiner les quitta, & alla ramasser ses papiers & quelque argent, & se cacher
dans un Couvent, où on ne le trouva
jamais. Il passa ensuite dans les Païs
Etrangers, & y rendit au Roi tant de
petits services, qu'il merita sa grace.
C'est ce Brevant des Carrieres, qui a
été assez long-tems Resident du Roi à
Liege. La Forest alla aussi chez Madame
Fouquet la mere, dont la vertu & la
sainteté meritent attention. Elle ne s'é-
toit point élevée de la fortune de son
Fils ,

Fils, toûjours occupée de la Priere & du soin des Pauvres. Madame, lui dit brusquement la Foreſt, M. le Sur-Intendant a été arrêté à Nantes. Elle ſe jetta à ſes pieds, & dit : Je vous remercie, mon Dieu, je vous ai toûjours demandé ſon ſalut, en voilà le chemin. Elle étoit auſſi humble que la femme du Sur-Intendant étoit fiere & inſolente. La décadence de ſon mari lui fit bien changer de manieres : & il me ſouvient qu'étant venuë à l'audiance de M. de Pontchartrain Controlleur General, elle ſe mit humblement dans la foule ; mais il alla à elle dès qu'il la vit, & la fit entrer dans ſon cabinet, à la barbe de pluſieurs Ducheſſes, qui ne l'avoient pas regardée.

Pendant que l'Abbé Fouquet diſputoit avec Madame du Pleſſis-Bellierre, ſans rien réſoudre ; du Vouldi arriva. Le Lieutenant Civil d'Aubrai alla tout ſceller à Saint Mandé, & d'autres Officiers de Juſtice firent la même choſe dans les autres maiſons du Sur-Intendant. Cependant le Roi donnoit ſes ordres à Nantes pour partir le même jour. Le Tellier étoit triomphant ; & Colbert qu'on n'avoit point vû depuis quatre jours , sortit de son trou , & parut avec un grand air de confiance. Le pauvre Lionne consterné & pâle comme la mort ne pouvoit se remettre. Mais le Roi s'en étant apperçû eut la bonté de lui dire tout-haut : Lionne , je sçai bien que le Sur-Intendant étoit de vos amis ; sa disgraçe ne vous regarde point , & je suis fort content de vous. Le Roi ne faisoit pas semblant d'entendre le Marquis de Gêvres Capitaine de ses Gardes du Corps en quartier , qui jettoit feu & flamme. Qu'ai-je fait , disoit il , pour recevoir un pareil affront ? Ne l'aurois je pas arrêté aussi-bien qu'Artagnan ? Ses amis lui dirent de se taire , il n'en faisoit rien , & ne faisoit pas mal sa Cour.

Le Roi avant que de partir , dit au Maréchal de Villeroi , qu'il faisoit un Conseil Royal des Finances , dont il seroit le Chef. Et sur cela le Maréchal de la Meilleraïe dans un dîné qu'il donna ce jour là aux Courtisans , lui dit plaisammant : Petit Maréchal mon ami , tu seras le Chef des Finances , mais en idée , comme je l'ai été moi qui te parles , & Colbert en sera le Chef véritable : mais que t'importe ? Tu auras de gros apoin-

temens , & n'eſt-ce pas aſſez. Le Maréchal de la Meilleraie en voyant depuis
quatre jours tout ce qui ſe faiſoit à Nantes, s'étoit crû perdu, & ſon ami Boucherat avoit toutes les peines du monde à
lui remettre l'eſprit , ſans pourtant lui
rien découvrir. Le Maréchal s'étoit déclaré publiquement contre Fouquet à la
mort du Cardinal , & le Duc de Mazarin ſon fils , comblé d'honneurs & de
biens , l'avoit mépriſé , croyant n'avoir
beſoin de perſonne. Ainſi croyant Fouquet vainqueur de ſes ennemis , il craignoit d'être accablé comme les autres.

On dit que lorſqu'Artagnan arrêta
M. Fouquet , il le foüilla, ce qui s'obſer-
ve avec les Priſonniers d'Etat ; & qu'il
trouva dans ſes poches quantité de lettres de Femmes, qui paroiſſoient fort re-
connoiſſantes de l'argent qu'il leur envoyoit journellement. J'ai vû des copies
de toutes ſes Lettres , & n'en ai pas fait
grand cas ; ſoit qu'elles ſoient vrayes ou
fauſſes , on ſe ſervit contre lui d'un
broüillon de billet écrit de ſa main , &
corrigé de la main de Peliſſon : on le
trouva auſſi dans ſes poches, & l'on crut
qu'il s'adreſſoit à Mademoiſelle de Mon-
talais. La voici.

Q ij

Puisque je fais mon unique plaisir de vous aimer, vous ne devez pas douter que je ne fasse ma joïe de vous satisfaire. J'aurois pourtant souhaité que l'affaire que vous aviez tant desirée fut venuë purement de moi ; mais je vois bien qu'il faut qu'il y ait toûjours quelque chose qui trouble ma felicité. Et j'avouë, ma chere Demoiselle, qu'elle seroit trop grande, si la fortune ne l'accompagnoit quelquefois de quelques traverses. Vous m'avez causé aujourd'hui mille distractions en parlant au Roi ; mais je me soucie fort peu de ses affaires, pourvû que les vôtres aillent bien.

Le Roi retourna à Fontainebleau, presque aussi vîte qu'il étoit allé à Nantes. Il étoit infatigable ; & quelques jours après son arrivée, il alla à cheval à Paris, & revint dans le même jour, après avoir visité les nouveaux bâtimens de Vincennes, & ceux du Louvre & des Tuilleries. Il fit tout cela le matin, & dîna à Saint Cloud chez Monsieur, & arriva de bonne-heure à Fontainebleau. Il songea d'abord à regler les Finances, que la prison de Fouquet mettoit encore dans un plus grand désordre. Et pour

cela, il établit le Conseil Royal, composé d'un Chef & de trois Conseillers,
dont l'un devoit être toûjours Intendant
des Finances. Le Maréchal de Villeroi
fut déclaré le Chef, avec quarante-huit
mille livres d'apointemens ; d'Aligre &
de Seve furent Conseillers, & Colbert
qui étoit Intendant, fut le troisiéme. Le
Roi marqua dans sa Declaration, que le
Chancelier s'y trouveroit, quand Sa Majesté le lui ordonneroit, & qu'alors il y
présideroit. La grande & la petite Direction allerent à l'ordinaire ; & ce ne
fut que quelque-tems après que le Roi
supprima les Directeurs des Finances, &
remboursa les deux Charges de Controlleurs Generaux, pour faire Colbert seul
Controlleur General par commission ;
en attribuant à cette qualité une place
de Conseiller au Conseil Royal des Finances.

Fin du III. Livre.

MEMOIRES

POUR SERVIR

A

L'HISTOIRE

DE

LOÜIS XIV.

LIVRE QUATRIE'ME.

Es soins du dedans du Royaume qui étoient les plus pressans, n'empêcherent point Loüis XIV. de songer aux Alliances étrangeres. Il renouvella la Ligue du Rhin. Cette Ligue avoit été signée à Francfort le 14 Août 1658. aussi-tôt aprés l'élection de l'Empereur.

Elle étoit entre le Roi , & les Electeurs de Mayence , de Treves & de Cologne ; l'Evêque de Munster , le Duc de Neubourg , le Roi de Suede en qualité de Duc de Bremen & de Ferdant , la Maison de Brunswic & le Landgrave de Hesse. Elle étoit principalement pour faire observer la Paix de Munster , & pour empêcher l'Empereur d'envoyer du secours aux Espagnols dans les Païs - Bas ; & on devoit la renouveller de trois ans en trois ans. C'étoit le Maréchal de Grammont & Lionne Ambassadeurs de France à la Dierte pour l'élection de l'Empereur , qui l'avoient négociée. Ils signerent aussi un Acte avec le Comte Tot grand Ecuyer du Roi de Suede & son Ambassadeur (il étoit ami intime de ma Mere , & soupoit souvent chez elle.) J'ai envie de mettre ici l'état du Royaume de Suede , & les motifs du Traité qui fut conclu à Fontainebleau.

Le Roi de Suede étoit alors Charles I I. de la Maison Palatine âgé de quatre ou cinq ans. Il avoit succedé depuis peu à un Pere celebre par la conquête de Pologne & du Danemarc. Le Royaume de Suede étoit gouverné pendant sa minorité par un Conseil composé de la Reine & des cinq grands Officiers de la Couronne. Le Conseil se nommoit de Regence, & la Reine y avoit deux voix. Elle étoit maîtresse absoluë de l'éducation de son Fils. La Regente dans les affaires importantes ne pouvoit prendre de resolution sans consulter le Senat, qui étoit un Corps composé de trente - cinq Senateurs, outre les cinq grands Officiers ; & en cas qu'ils voulussent obliger le Royaume à fournir extraordinairement des Troupes ou de l'argent, il falloit assembler la Diette composée des quatre Etats, sçavoir la Noblesse, le Clergé, les Bourgeois, & les Païsans.

L'alliance avec la France avoit aidé aux Suedois sous le regne de Gustave Adolphe & de sa fille Christine à se faire ceder des Provinces en Allemagne, qui les rendoient considerables plus que tout le reste de leurs Etats. Charles Gustave qui avoit succedé à Christine, avoit été uni avec la France, quoique d'une alliance moins étroite. L'amitié de cette Couronne n'avoit pas peu contribué à lui faire obtenir des conditions avantageuses dans les Traitez

ſez conclus avec le Danemarc , à Ro-
chiltz & à Copenhague. Outre ces Traitez qui terminerent les differens entre le Danemarc & la Suede , elle en
avoit conclu un autre à Olvic par la
médiation de la France , qui regloit les
interêts que la Suede avoit à démê-
ler avec la Pologne. Ainſi la tranquilité ne pouvoit être troublée que
du côté de la Moſcovie. Les Regens firent donc auſſi la Paix avec les Moſcovi-
tes , afin de n'avoir plus rien à craindre de la part de leurs voiſins. Mais
les conquêtes faites ſous les trois derniers regnes , le grand ſecours d'argent que la Suede avoit tiré de la France avoit accoûtumé les principaux
Seigneurs de la Cour à une dépenſe à
laquelle les Revenus ordinaires du
Royaume ne pouvoient pas ſuffire. Ainſi pour conſerver le grand air qu'ils
avoient pris , il fallut parvenir à des
négociations qui leur fiſſent toucher de
l'argent des Païs étrangers. Dans ce
deſſein ils tournerent les yeux ſur la
France , dont l'alliance leur avoit toûjours été ſi utile & ſi honorable ; &
comme cette Couronne paroiſſoit re-
ſoluë à entretenir la Paix avec l'Eſpa-

gne ; il falut songer à des projets, qui
sans obliger la Suede à rentrer en Guerre ouverte pendant la minorité de son
Roi , pussent être assez utiles à la
France , pour l'engager à fournir des
grands subsides. Pour cela on proposa
de faire assûrer la Couronne de Pologne au Duc d'Enguyen : on pré-
voyoit que du côté de l'Empereur il
y auroit de grands obstacles. La Suede s'engagea par un traité à fournir un
nombre considerable de Troupes pour
soûtenir en Pologne les interêts de
la France , moyennant un subside de
six cens mille écus par an. Le Comte
Tot reçut le premier payement qu'il
mangea en peu de tems. C'étoit un
homme bien fait , jeune . de beaucoup
d'esprit , magnifique , galant , grand
joüeur , donnant dans toutes les dépenses ; l'air noble , & parlant mieux
François que pas un Courtisan : & c'est
une remarque qu'on a faite , que de
tous les Etrangers , les Suedois sont les
plus ressemblans aux François , ont les
manieres les plus aisées , & gardent
moins l'accent de leur païs. Le Comte
Tot , fait comme je viens de le peindre , adoré & flatté des femmes , qui

trouvoient leur compte avec lui, trouva assez de moyens de dépenser son argent. Les affaires s'étant depuis tournées en Pologne de maniere à n'y pouvoir faire agir les Suedois, la Regente de Suede qui se vit hors d'état d'executer ce qu'elle avoit promis, & le Roi qui vit de son côté qu'il n'y avoit rien à faire en Pologne, tomberent d'accord de rompre le Traité. Le Chevalier de Trelon fut envoyé à Stokolm pour cela. On laissa aux Suedois, ou pour mieux dire, au Comte Tot, ce qu'il avoit touché & mangé; on le dispensa d'éxecuter ce qu'il avoit promis.

Il n'y avoit point de Traité à faire avec le Roi de Danemarc. Ce Prince ne songeoit qu'à joüir en paix de sa nouvelle autorité, & qu'à retenir dans le devoir la Noblesse de son païs, toûjours prête à remuer dès qu'elle trouveroit l'occasion de rentrer dans ses premiers droits. Je ne sçaurois m'empêcher de mettre ici les causes de la révolution qui venoit d'arriver dans ce Royaume-là. Frederic III. Roi de Danemarc, après avoir été dépoüillé de tous ses Etats, & réduit à la seule ville

de Copenhague, que le Roi de Suede
avoit pensé plusieurs fois emporter
d'assaut, étoit devenu depuis la Paix
beaucoup plus puissant qu'auparavant.
Il y avoit rendu la couronne heredi-
taire pour sa femme, même pour ses
filles ; & les Bourgeois de Copenhague
avoient forcé la Noblesse à y consentir. Jusques-là la Noblesse avoit eu plus
de pouvoir dans les Etats, que le Clergé
ni les Bourgeois ; mais les Bourgeois de
Copenhague s'étant aguerris pendant
le Siege, commencerent à regarder avec
mépris la Noblesse, qui presque sans
resistance avoit abandonné aux Suedois le reste du Royaume. Un petit incident contribua en même-tems à soûtenir le Clergé. La Noblesse avoit fait
faire un affront à la femme de l'Evêque de Copenhague ; les femmes des
Gentilhommes trouvoient mauvais que
d'autres personnes qu'elles eussent des
imperiales à leurs carosses & avoient
fait arracher en pleine ruë l'imperiale
que la femme de cet Evêque avoit au
sien. Gabel confident du Roi crut qu'il
falloit se servir de l'occasion. Il sçavoit
les sentimens des Bourgeois, qui ne
pouvoient se lasser de donner des loüan-

ges à la constance du Roi, & sur tout
à la fermeté heroïque de la Reine, qui
avoit soûtenu l'esprit chancelant de
son mari, & la fortune de l'Etat. Il fit
une espece de triumvirat avec l'Evêque & le Prince Bourguemeste, fit
armer les Bourgeois : ce Gabel fit prendre les armes à ce qu'il y avoit de Troupes reglées ; & tous ensemble s'étant
rendus maîtres des avenuës de la salle
où la Noblesse étoit assemblée, ils dé-
clarent qu'il falloit que les trois Etats
du Royaume unanimement, donnas-
sent à la Famille Royale des marques
de leur reconoissance. La Noblesse
ne pouvant s'en dédire, consentit à tout,
& les Etats renoncerent au pouvoir
d'élire leurs Souverains ; & déclarerent
qu'à l'avenir ils ne connoîtroient plus
d'autre Loi que la volonté du Prince.
L'Evêque de Copenhague fut fait Archevêque, le Bourguemeste eut de
l'argent, les gens de guerre obtinrent
le premier rang parmi la Noblesse, &
le reste des Gentilhommes se retire-
rent dans leurs Terres. Un si grand
changement dans le Royaume y tenoit
encore les esprits en mouvement, &
ils ne songeoient qu'à leurs affaires,

sans se vouloir mêler de celles des autres.

Mais c'est trop discourir des Païs
étrangers. Le Roi en renouvellant la
Ferme du Tabac se fit donner 600000.
liv. de pot de vin, & en fit des libe-
ralitez. La Reine Mere en eut dix mille pistolles, Monsieur & Madame chacun cinq mille ; Mademoiselle de Foüil-
loux amie de Mademoiselle la Valliere
eut cinquante mille écus pour épouser
le Marquis de Sourdis, & la Reine eut
le reste. Ce n'est pas que le Roi fût encore fort bien en argent comptant,
mais il commençoit à voir un peu plus
clair dans les Finances ; & Colbert qui
avoit la principale direction ne lui cachoit rien. Le dessein avoit été pris en
arrêtant Fouquet de faire une Chambre de Justice dont on esperoit tirer
plus de cent de millions. Tout l'argent
du Royaume étoit entre les mains des
Partisans;& comme à l'exemple du Sur-
Intendant, ils n'avoient sçu garder au-
cunes mesures, & qu'ils s'étoient jettez
dans les belles maisons à Paris, & dans
les grosses Terres en campagne, leur
bien étoit au Soleil, & il ne paroissoit
pas difficile de s'en saisir.

Dans le tems que tout sembloit disposé à une bonne Paix , avec l'Espagne , il arriva en Angleterre , une avanture qui pensa la rompre brusquement. Le Baron de Wateville Ambassadeur d'Espagne s'avisa de disputer le pas au Comte d'Estrades Ambassadeur de France ; mais pour empêcher les malheurs qui en pouvoient arriver , le Roi d'Angleterre leur proposa de ne point envoyer leurs carosses à l'Entrée des Ambassadeurs de Venise , qui ne les avertiroient pas de leurs arrivées. Ce temperamment fut accepté de part & d'autre. D'Estrade le manda au Roi , qui fut fort en colere contre son Ambassadeur , & lui ordonna de soûtenir hautement à la premiere occasion la prééminence de sa Couronne. Un Ambassadeur de Suede arriva à Londres quelque - tems après. D'Estrades envoya ses carosses bien escortez pour l'accompagner , & prendre comme de raison la premiere place. Tout marchoit en ordre à l'ordinaire , lorsque l'Ambassadeur d'Espagne y envoya aussi les siens accompagnez de plus de deux mille Bouchers , Brasseurs , ou Bateliers de la ville de

Londres. Les Espagnols fiers de leur
escorte voulurent preceder les François dans la marche , tuerent d'abord
les chevaux du Comte d'Estrades , &
plusieurs de ses Domestiques ; & triomphant l'épée nuë à la main , accompa-
gnerent seuls l'Ambassadeur de Suede.
Le Roi d'Angleterre avoit fait publier
des défenses aux Anglois , Ecossois &
Irlandois de prendre parti ; & le matin il avoit fait monter à cheval ses
Gardes , & envoyé quelque Infanterie
dans les Places pour empêcher le désordre : mais le peuple furieux & toûjours animé contre les François se joi-
gnit aux Espagnols , en criant : *Vive
l'Espagne.* Le Comte d'Estrades eut six
de ses gens tuez , & trente - trois bles-
sez. Le Roi d'Angleterre ressentit vi-
vement le peu de respect que ses sujets
avoient pour ses ordres , mais il n'osa
le témoigner. Le General Monk avoit
envoyé à Watville plusieurs Officiers
des Troupes sur lesquelles il conservoit
encore un reste d'autorité.

Le Roi fut averti par un courier extraordinaire de ce qui s'étoit passé à
Londres ; & voulant soûtenir hautement le droit de sa Couronne , à qui

l'Espagne contente de ne se pas trouver aux ceremonies n'avoit jamais songé à disputer, il envoya sur le champ
dire au Comte de Fuensaldagne Ambassadeur d'Espagne qu'il sortît du Royaume ; qu'il fit sçavoir au Comte de
Fuentes, qui venoit d'Allemagne pour
resider auprès de lui en la même qualité, qu'il n'entrât pas dans ses Etats,
& qu'il avertît le Marquis de Caracene
que Sa Majesté avoit revoqué le passe-
port, qu'elle lui avoit accordé pour
traverser la France en retournant en
Espagne. Le même jour il envoya ordre à Courtin & à Talon ses Commissaires députez pour le Reglement
des Limites en Flandres de rompre
les Conferences avec ceux d'Espagne.
Il dépêcha en même-tems du Vouldy,
l'un de ses Gentilhommes ordinaires,
à l'Archevêque d'Ambrun son Ambassadeur à Madrid pour lui porter ses
ordres sur les declarations qu'il devoit
faire au Roi d'Espagne ; & Cateux au
Roi d'Angleterre, pour lui faire sçavoir ses résolutions, en cas que Sa Majesté Catholique ne lui donnât pas une
entiere satisfaction sur cet attentat. La
fermeté que le Roy eut en cette occa-

sion fit juger de son Gouvernement,
& lui fit obtenir peu de moi après tout
ce qu'il pouvoit raisonnablement exi-
ger, & davantage.

Jamais l'Ambassadeur d'Espagne ne
pouvoit choisir un théatre plus éclatant
pour faire une insulte à l'Ambassadeur
de France. L'Angleterre étoit alors dans
sa splendeur. Le Roi Charles II. étoit
rétabli sur le Trône de ses Ancêtres,
& tous les Princes de l'Europe lui
avoient envoyé des Ambassadeurs pour
lui faire des complimens, ou pour renouveller avec lui les anciennes alliances.
La face des affaires avoit changé plusieurs fois en ce païs-là depuis la mort
de Cromwel. Son fils aîné Richard n'a-
voit ni les qualitez de l'esprit ni le
courage nécessaires pour se soutenir. Les
Republicains avoient tâché de faire
une Republique. Les Generaux vouloient que les Armées seules eussent
toute l'autorité. Les grands Seigneurs
ne se trouvant pas en état de parvenir à la premiere place, trouvoient
qu'il leur étoit plus avantageux de
partager la souveraine autorité avec un
seul homme tel qu'étoit un Roi, que
de vivre dépendans de tous ceux qui
composent le Parlement. Ainsi dans

les deux années qui s'étoient écoulées
depuis la mort de Cromwel , l'Etat
avoit changé de forme cinq ou ſix fois.
La fidelité de Monk, ou peut-être l'im-
poſſibilité de s'établir ſolidement, lui fit
prendre le parti de rappeller le Roi
Charles ; qui depuis ſon retour en Angleterre, avoit été occupé à rétablir les
Seigneurs & les Evêques , & à ſe mettre en poſſeſſion de ſon autorité. Il
n'avoit pas voulu ſe ſervir des conjonc-
tures pour ſe rendre abſolu. Ses Miniſtres plus attachez à la liberté qu'à la
gloire de leur Roi , lui donnoient des
conſeils moderez. Il étoit naturellement
pareſſeux , & craignoit que les deſſeins
d'ambition ne l'empêchaſſent de joüir
des plaiſirs inſéparables de la Royauté ,
& auſquels ſes ſouffrances paſſées le rendoient plus ſenſible, que s'il eut toûjours
vécu dans l'abondance de toutes choſes.
Il demeura neutre,& empêcha ſeulement
que la querelle des Ambaſſadeurs ne re-
commençât , en attendant que leurs
Maîtres ſe fuſſent accommodez.

Le premier Novembre à midi moins
ſept minutes , la Reine accoucha à Fontainebleau de Monſeigneur le Dauphin.
Nous nous promenions dans la cour

ovale ; & depuis vingt-quatre heures la Reine étoit en travail , lorsque le Roi ouvrit la fenêtre de sa chambre , & annonça lui-même le bonheur public , en nous criant assez haut : *La Reine est accouchée d'un Garçon.* Cela me fait souvenir que quand Madame la Dauphine accoucha à Versailles de Monsieur le Duc de Bourgogne , le Roi sortit le premier dans l'antichambre,& nous dit: *Madame la Dauphine est accouchée d'un Prince.* J'y étois present à tous deux , & remarquai une difference notable entre joïe & joïe. On fut bien-aise de la naissance de Monseigneur le Dauphin : il y eut des feux allumez par tout , & les Comediens Espagnols danserent un balet dans la cour des Fontaines , devant le balcon de la Reine Mere, avec des castagnettes,des harpes & des guittares.Mais à la naissance de M.le Duc de Bourgogne, on devint presque fou.Chacun se donnoit la liberté d'embrasser le Roi. La foule le porta depuis la Sur-Intendance où Madame la Dauphine accoucha, jusqu'à ses appartemens. Il se laissoit embrasser à qui vouloit. Le bas peuple paroissoit hors de sens ; on faisoit des feux de joïe , & tous les Porteurs de chaise brûloient familiere-

ment la chaise dorée de leur Maîtresse.
Ils firent un grand feu dans la Cour de
la Galerie des Princes , & y jetterent une
partie des lambris & des parquets de-
stinez pour la grande Galerie. Bontems
en colere le vint dire au Roi , qui se
mit à rire , & dit qu'on les laisse faire ;
nous aurons d'autres parquets. La joïe
parut aussi vive à Paris , & fut de bien
plus longue durée ; les boutiques furent
fermées trois jours durant ; toutes les
ruës étoient pleines de tables, où les pas-
sans étoient conviez & forcez à boire
sans payer ; & tel artisan mangea cent
écus dans ces trois jours , qu'il ne gagnoit pas dans une année. La joïe fut plus
moderée à la naissance de Monseigneur
le Dauphin. Le Roi envoya à Paris l'Abbé de Coislin son premier Aumônier, &
l'Abbé Fion à Melun délivrer les prison-
niers ; & dépêcha des Gentilshommes
dans toutes les Cours de l'Europe, pour
y porter une nouvelle si importante. On
remarqua comme une chose assez singu-
liere , qu'il eut fait l'honneur au Duc de
Mazarin son sujet , de lui envoyer à Brisac, où il étoit avec sa femme , le Fils de
Roze Secretaire du Cabinet , à qui le
Duc donna audiance avec la même pom-

pe qu'eut pû faire un Souverain. Le jeune Roze lui dit de la part du Roi , que
Sa Majesté lui faisoit part de la bene-
diction que Dieu avoit répanduë sur son
mariage , & qu'elle lui ouvroit son cœur
avec d'autant plus de joïe , qu'il étoit
l'héritier , & portoit le nom de ce grand
homme , qui avoit fait le bonheur de la
France, par la Paix des Pyrennées. Roze
étoit alors fort bien avec le Roi. Il y
avoit plus de trois ans qu'il étoit Secretaire du Cabinet , sans pourtant avoir
quitté le service du Cardinal. Il avoit
de l'esprit & de la capacité , écrivoit facilement , & plaisoit à son Maître. Il
m'a conté qu'il n'avoit jamais signé pour
le Roi qu'une fois en sa vie. La Cour
étoit en Provence. La nouvelle y vint de
l'extrêmité où étoit M. le Duc d'Orleans,
le Roi manda à Roze, qui étoit à Aix
auprès du Cardinal , d'écrire une lettre
de compliment à Madame , & de la signer (*LOUIS* ,) & écrivit en même
tems au Cardinal d'ordonner à Roze de
le faire. Roze se le fit commander quatre fois , conjurant le Cardinal de faire
la signature ; puisque personne au monde
de ne sçavoit mieux que lui contrefaire
toutes sortes d'écritures , & dans une si

grande perfection , que Roze lui-même
y étoit souvent trompé ; mais le Cardinal par raison ou par fantaisie , ne voulut pas signer. Autrefois les Secretaires
d'Etat ne signoient pas pour le Roi ; &
c'est M. de Villeroi qui signa le premier,
par le commandement exprès de Charles IX. Ce Prince étoit fort vif dans ses
passions ; & Villeroi lui ayant présenté
plusieurs fois des dépêches à signer dans
le tems qu'il vouloit aller joüer à la
paume : *Signez , mon Pere* , lui dit-il,
signez pour moi. Hé bien , mon Maître ,
reprit Villeroi, puisque vous me le com-
mandez, je signerai ; & depuis ce tems-là
les Secretaires d'Etat ont signé pour le
Roi.

Cependant le Roi avoit donné ses
ordres pour une Chambre de Justice.
Elle fut composée du Chancelier Se-
guier , qui y présidoit ; de Lamoignon ,
Premier Président du Parlement ; de
Nesmond Président à Mortier ; de Pont-
chartrain Président de la Chambre des
Comptes ; & de Dorieux Président de la
Cour des Aides ; de Talon Avocat Ge-
neral du Parlement , enfin du Procureur
General. Il y avoit cinq Maîtres des Re-
quêtes ; sçavoir Boucherat, d'Ormesson,

Poncet, Benard de Rezé & Voisin. Quatre Conseillers de la Grand-Chambre ; sçavoir Fayet, Cannut, Brillac & Renard. Deux Conseillers du Grand-Conseil, Pussort & Choüart. Deux Maîtres des Comptes, Moussu, & Bossu de Jau. Deux Conseillers de la Cour des Aides, le Feron & le Bossau ; & neuf Conseillers tirez de neuf Parlemens des Provinces ; sçavoir Maunat de Toulouse, Verdiers de Bordeaux, Fraison de Grenoble, &c.

L'envie d'écrire des Mémoires sur la Vie du Roi m'ayant saisi l'année passée, je les commençai dès l'an 1661. lorsqu'à la mort du Cardinal Mazarin, ce Prince qui se cachoit en lui-même jusqu'à l'âge de 22. ans, se montra tel qu'il est, & surprit tout le monde, par une capacité qu'on n'attendoit pas de lui. J'ai déja mis par écrit beaucoup de particularitez de ce tems là ; mais j'avouë que les choses si éloignées m'ont ennuyé, & j'ai songé à me rapprocher des évenemens courans. M. le Marquis de Dangeau m'ayant laissé voir les journaux, qu'il écrit tous les ans de la Vie du Roi ; j'y ai trouvé des dattes fort sûres, ce qui m'a fait prendre le Parti

de

de recommencer mes Mémoires à la révocation de l'Edit de Nantes. C'eſt une
époque très-conſiderable , puiſque c'eſt
l'origine de la plus cruelle guerre qui ait
affligé la France depuis un ſiécle. J'ai
auſſi des raiſons particulieres de choiſir
cette année-là. Mon voyage de Siam s'y
rencontre ; j'y rapporterai quelques faits
inconnu au Public ; ce n'eſt pas merveil-
le que j'en ſçache là-deſſus plus qu'un
autre. Le Journal de M. de Dangeau me
ſervira d'un guide aſſuré, tout y eſt vrai;
& ſi la grande ſageſſe & la trop grande circonſpection de l'Auteur l'ont em-
pêché d'y mettre beaucoup de faits curieux , parce qu'ils auroient pû fâcher
quelqu'un , & qu'il n'a jamais voulu fâcher perſonne , je n'aurai pas tant d'é-
gards que lui. Je mettrai à la lettre tout
ce que je ſçaurai & ce que j'appren-
drai par des voyes ſûres & ſecrettes.
Ces Memoires-ci ne ſont pas faits pour
être imprimez. Je ſerai content d'eux,
pouvû qu'ils me faſſent paſſer quelques
quarts d'heures ſur mes vieux jours ,
& qu'ils puiſſent réjoüir mes amis, à
qui je me ferai un plaiſir d'en faire la
confidence. Au reſte, en écrivant ceci, je
ne crois pas manquer à mon ami. Si je

profite de son Journal, je lui rends justice, en disant franchement que j'en profite ; & j'avouë ici que j'en ai tiré de
trés bonnes choses. Après cet aveu je ne
crois pas être obligé de m'aller déceller
presentement à celui que j'ai volé,& que
je prétens voler encore ; c'est l'homme
du monde le plus volable sur ces sortes
de matieres. Il a été toute sa vie dans
le plus fin de la Cour ; il a tout sçû &
tout vû,& de ses propres yeux. Il est vrai
qu'il ne dit jamais rien ; c'est le modéle
d'un bon Courtisan. Uniquement atten-
tif au Roi, qu'il aime personnellement ,
& au moindre petit Ministre , à qui il ne
voudroit pas déplaire : aussi ne contai-
je pas de tirer de lui aucune chose qui
puissent être désavantageuse à quelqu'un.
Il sera pour mes Mémoires la source du
bien ; & peut - être qu'à la Cour de
France , il ne me sera pas impossible de
trouver une source de mal ; car pour y
être bien instruit , il faut sçavoir le bien
& le mal.

Le Roi LOUIS LE GRAND en
faisant la paix de Nimegue , étoit par-
venu au comble de la gloire humaine.
Après avoir en mille occasions fait ses
preuves sur la conduite des Armées ,

& fur la valeur perfonnelle, il s'étoit dé-
farmé lui-même au milieu de fes victoi-
res ; & fe contentant de fes conquêtes, il
avoit donné la Paix à l'Europe, aux conditions qui lui avoient plû. La terreur de
fon nom l'avoit mis en état de faire valoir fes prétentions fur la Ville & la Pro-
vince de Luxembourg , & même fur le
bord du Rhin. Il s'étoit emparé de Straf-
bourg ; il avoit acquis Cafal & fans tirer
l'épée , en faifant donner une infinité
d'Arrêts par une certaine Chambre éta-
blie à Metz ; Arrêts qu'il croyoit tous
juftes , fur la foi de fon Miniftre de la
guerre. Il avoit reculé toutes les Frontieres de fon Royaume, & mis prefque fous
le joug quatre Electeurs de l'Empire , &
tous les autres Princes voifins.

L'Empereur fe voyant engagé à la
guerre contre les Turcs , diffimuloit &
promettoit aux Princes du Rhin , qu'un
jour il les tireroit d'oppreffion ; & cependant il avoit figné avec le Roi de France,
une Treve de vingt ans , & l'avoit fait
figner au Roi d'Efpagne, dont le Confeil
étoit entierement gouverné par celui de
Vienne.

Le Roi de Pologne fier d'avoir fauvé
l'Empire, en faifant lever le Siége de

Vienne, se préparoit à profiter de la con-
sternation des Turcs. Il eut bien voulu
attaquer la Forteresse de Kaminieck ;
mais il n'osoit en faire le Siége dans les
formes, parce que l'Infanterie Polonoise
ne vaut rien, & il ne la pouvoit prendre
par famine ; parce que les Tartares y
faisoient entrer de tems en tems des con-
vois de vivres & de munitions de Guerre. Il avoit envoyé des Ambassadeurs à
Moscow, pour tâcher de faire la Paix
avec le Czar, & l'obliger à déclarer la
Guerre aux Turcs ; & il se flattoit que
s'il pouvoit l'engager à faire une diver-
sion en Tartarie, il pourroit entrer dans
la basse Arabie au Boudgiac, s'emparer
de Bialogrod, & de quelques autres places sur la Mer noire, couper par-là la
communication entre les Turcs & les
Tartares, & les empêcher de se secourir
mutuellement : ce qui feroit tomber
Kaminieck de lui-même, & donneroit
le moyen à l'Empereur de poursuivre
ses conquêtes en Hongrie, où il n'auroit
affaire qu'aux Turcs.

Les Venitiens de leur côté faisoient
de grands progrès dans la Morée, & paroissoient souvent avec leur Flote à l'em-
bouchure des Dardanelles.

Le Roi de Suede oubliant que le Roi par la Paix de Nimegue lui avoit fait rendre ſes Etats d'Allemagne, piqué ſur l'affaire de Deux-Ponts, étoit prêt à ſe joindre à nos Ennemis ; & cela d'autant plus qu'il voyoit le Roi de Dannemark prendre ſa place parmi nos Alliez, & faire avec nous des Traitez de Ligue défenſive, par leſquels les Parties ſe promettoient mutuellement de ſe ſecourir en cas de beſoin, de ſix mille hommes & de deux Vaiſſeaux de guerre.

Le Prince d'Orange plus ambitieux que jamais, ne ſongeoit qu'à r'allumer la guerre, qui ſeule pouvoit l'élever. Ses Charges de Stathouder & de Capitaine General en Hollande, lui avoient donné le moyen de ſe faire des creatures : & par une application continuelle, & une grande capacité, il s'étoit rendu auſſi abſolu dans les Provinces-Unies, que s'il en eût été Souverain: Il avoit eu l'adreſſe de mettre l'Electeur de Brandebourg dans ſa dépendance, en promettant à l'Electrice de procurer de grands avantages en Hollande aux Enfans qu'elle avoit de l'Electeur, dont elle étoit la ſeconde femme. Il avoit dans le commencement

de sa vie tenté toutes sortes de moyens
pour avoir l'amitié & la protection
du Roi ; mais n'ayant pû y réüssir , il
avoit pris des mesures contraires , en
disant fierement , *du moins j'aurai son
estime*. A la mort du Roi Charles II.
Roi d'Angleterre , il s'étoit flatté d'une
Couronne ; & ne croyant pas que les
Anglois pussent souffrir un Roi Catholique , il avoit en secret assisté d'hommes & d'argent le Duc de Montmouth ,
& lui avoit facilité les moyens de faire
des préparatifs en Hollande pour passer en Angleterre. Il esperoit qu'il se
pourroit former un assez grand Corps
de Mécontens pour embarrasser le nouveau Roi , & attendoit à voir les deux
parties à peu-près égales , pour se rendre l'arbitre & le maître , sous le titre
de Médiateur. Mais quand il vit que
Montmouth , après s'être fait procla-
mer Roi , contre la parole qu'il lui
avoit donnée , avoit échoüé dans ses
desseins chimeriques , il sentit bien que
le Roi d'Angleterre étoit encore trop
puissant pour être attaqué à force ouverte ; & ne songea qu'à lui susciter
dans ses Royaumes un plus grand nombre d'ennemis. Il fit envisager aux Pro-

reſtans, tant Epiſcopaux que Preſby-
teriens, tout ce que leur Roi faiſoit en
faveur de la Religion Catholique, &
leur perſuada autant qu'il put, que
cette Religion imperieuſe n'en pouvoit
ſouffrir aucune autre ; que ce Prince
après avoir obtenu, comme par grace,
la liberté de conſcience pour les Catholiques, abuſeroit bien-tôt de la com-
plaiſance de ſes Sujets, & les empêche-
roit eux-mêmes de profeſſer la Religion qui domine en Angleterre depuis
la Reine Eliſabeth. Il faiſoit craindre
le pouvoir ſans bornes ou arbitraire,
à ceux qu'il croyoit plus ſenſible à la liberté de leur Païs, qu'à celle de leur Egliſe, & leur mettoit devant les yeux l'e-
xemple du Roi Très-Chrétien, qui n'a-
voit de loi que ſa volonté. Il méditoit
en même-tems une Ligue contre la France, où il prétendoit faire entrer l'Empereur, le Roi d'Eſpagne & tous les Princes d'Allemagne. Enfin, ſans ſortir de
ſes Maiſons de plaiſance, où il paroiſſoit
tout occupé de la chaſſe, il agiſſoit en
cent lieux differens, & préparoit la plus
cruelle Guerre qui ait été en Europe depuis pluſieurs ſiécles.

Le Roi averti de toutes ſes menées,

ne s'endormoit pas. Il avoit un Traité
secret avec le Roi d'Angleterre, qui
paroissoit prendre tous les jours une
nouvelle autorité. Le Roi de Dane-
mark étoit dans son alliance ; il n'avoit
pas rompu avec le Roi de Suede ; les
princes du Rhin se plaignoient, mais
leur foiblesse répondoit de leur docilité,
& l'Empereur étoit assez occupé du côté
de la Hongrie.

D'ailleurs, les Frontieres du Royaume étoient assez bordées de bonnes Places ; les Troupes étoient en bon état,
& huit ans de paix avoient ramené
une Jeunesse qui ne demandoit que
l'occasion de signaler son courage. Il
n'y avoit rien à craindre du côté de
l'Italie. Pignerol & Cazal sembloient
répondre du Duc de Savoye. Les autres Princes étoient trop peu de chose
pour y avoir attention ; & la beauté
du climat ne les portoit qu'à la vie
douce. Ainsi le Roi se reposant sur la
foi de la Treve, & encore plus sur sa
puissance, songea tout de bon à contenter son zele en bannissant l'Héresie
de ses Etats. Il y avoit toûjours songé
depuis qu'il gouvernoit, & ce grand
dessein s'étoit acheminé peu à peu. Les
Chambres

Chambres de l'Edit avoient été caſſées.
On avoit abbatu plus de quatre cens
Temples. Les Huguenots n'étoient plus
admis dans les Charges de Police & de
Finance. Toutes les portes des Fermes
leur étoient barrées ; on leur avoit ôté les
Medecins & les Sages - Femmes de leur
Communion : on commençoit même à
s'appercevoir qu'ils avoient peine à s'a-
vancer dans les emplois de la guerre. Ces
moyens étoient doux & partoient d'une
profonde ſageſſe , mais ils ne parurent
pas aſſez prompts au zele d'un puiſſant
Roi , qui s'imagina que la gloire de
Dieu étoit intereſſée , & que pour la
procurer dans une affaire ſi importante , il falloit ſacrifier la Politique à la
Religion. Il étoit pouſſé par Louvois
à forcer toutes les barricades. Ce Miniſtre inſatiable de crédit ſouffroit im-
patiemment les audiances frequentes
que le Roi donnoit à l'Archevêque de
Paris , au Pere de la Chaiſe , & même
à Peliſſon. L'Archevêque lui portoit
des Livres qu'il faiſoit faire pour l'inſ-
truction des Huguenots. Le Pere lui
propoſoit toûjours la démolition de
quelques Temples , & Peliſſon lui rendoit compte du revenu des œcono-

mats qu'il diſtribuoit à ceux qui ſe convertiſſoient. Louvois voulut couper court à tous ces entretiens qui lui devenoient ſuſpects ; & ſans tant de façons il preſſa fortement la révocation de l'Edit de Nantes. Le Roi mit la choſe en déliberation dans ſon Conſeil ; les avis furent partagez : les uns vouloient qu'on ſuivît toûjours les mêmes maximes , & qu'on fit tout par douceur ; les conſciences , diſoient-ils , ne ſe gouvernent pas le bâton haut : les manieres dures au lieu de gagner révoltent ; le zele des Rois a beſoin d'être reglé ; ils doivent le repos à leurs Sujets avant toutes choſes ; & dans cette occaſion pouſſer les Huguenots aux dernieres extrêmitez , c'eſt tout hazarder. En leur ôtant tout exercice , en révoquant l'Edit de Nantes , on les jettera dans le deſeſpoir ; il y en a plus d'un million dans le Royaume , & parmi eux beaucoup de Marchands riches , de vieux Matelots , d'ouvriers habiles , d'Officiers experimentez. Si l'on ne garde plus aucune meſure , ajoûtcient-ils, on les mettra dans la neceſſité, ou de ne faire aucun exercice de leur Religion , ou de déſobéïr au Roi en faifant des assemblées clandestines ; tant qu'on leur laissera quelque Temple & quelque exercice , la difficulté pourra rebuter le plus grand nombre , mais au moins les plus zelez trouveront quelque possibilité à vivre dans leur Religion , sans se rendre coupable d'une désobéïssance manifeste ; qu'on ne pourroit plus dissimuler , ni laisser impunie. Qu'arrivera-t-il s'ils sont opiniâtres ? Ils ne feront peut-être pas une Guerre civile dans le point de puissance où est le Roi , mais ils sortiront de France ; ils ruïneront le commerce ; ils emporteront beaucoup d'argent ; & en diminuant nos forces par leurs désertions , ils augmenteront celles de nos Ennemis.

Les autres transportez peut-être d'un zele indiscret , crioient qu'il ne falloit pas craindre une poignée de gens , qui se voyant méprisez & sans Chefs , perdroient bien-tôt courage ; que toutes les Personnes de condition abandonnoient leur parti , & que des Villes entieres s'étoient converties à la premiere vûë des Hoquetons de l'Intendant de Poitou , & que quand le Maître parleroit tout de bon , &

sans aucun détour , tout suivroit comme des moutons ; qu'ainsi le tems étoit venu de donner le dernier coup à l'Heresie & à la Rebellion ; que le Roy en Paix , craint de tous ses voisins, avec des Troupes nombreuses & aguerries , pouvoit tout entreprendre & tout executer ; & qu'à lui seul étoit réservé la gloire d'un projet si Chrétien , que six des Rois ses prédécesseurs avoient tenté inutilement.

Ces raisons persuaderent un Prince quelles flatoient dans son dessein favori. Son zele y trouvoit de quoi se contenter ; & la chose étant disputée entre ses Ministres , il crut pouvoir même en bon Politique , suivre le penchant de son cœur , & ne ménagea plus les ennemis de la veritable Religion, qu'il résolut de traiter comme ses propres ennemis. Il fit publier cette fameuse Déclaration qui révoque l'Edit de Nantes , où il déclara qu'en cela il ne fait que suivre le dessein de son Ayeul Henri le Grand , & de son Pere Loüis le Juste , & qu'il y a toûjours songé depuis qu'il gouverne son Etat. Il le signa avec un zele veritablement Apostolique ; mais par ce petit trait de plume il priva ſon Royaume d'un million d'hommes, & de plus de deux cens millions d'argent comptant. Le Chancelier le Tellier ſigna cette Déclaration avant que de mourir, & dit qu'il n'avoit plus de regret à la vie, puiſqu'il voyoit le Huguenotiſme aboli en France. Il avoit de bonnes choſes.

J'ai fait ſon portrait dans mes Memoires ſur l'année 1661. Il étoit de bonne humeur à Chaville, & ſuivant la coûtume des vieilles gens, il aimoit fort à conter. Il me ſouvient qu'il nous conta un ſoir une avanture de M. de Guiſe le Balaffré, qu'il diſoit tenir de ſon grand-Pere auteur contemporain. M. de Guiſe avoit épouſé une Princeſſe de Cleves, veuve du Prince de Ponthieu. Elle étoit belle, & vivoit dans une Cour fort galante ; on l'accuſoit de n'être pas inſenſible à la paſſion de Saint - Maigrin. Un jour que la Reine Catherine de Médicis faiſoit une Fête, où toutes les Dames devoient être ſervies par de jeunes gens de la Cour qui portoient leurs livrées, M. de Guiſe pria ſa femme de n'y point aller, l'aſſûrant fort qu'il étoit perſuadé de ſa vertu ; mais que le monde

parlant d'elle & de Saint - Maigrin , il
falloit le faire taire. Madame de Guise lui dit qu'elle ne pourroit pas déso-
béir à la Reine , qui lui avoit dit d'y
aller. Elle y alla. La Fête dura jusqu'à
six heures du matin. Elle revint chez
elle ; mais à peine fut - elle couchée ,
qu'elle vit entrer dans sa chambre M.
de Guise , suivi d'un seul Maître d'Hôtel , qui portoit un boüillon. Il ferma
la porte , s'approcha du lit , & lui dit
d'un ton sévere : Madame , vous ne
voulûtes pas faire hier au soir ce que
je souhaitois ; vous le ferez présente-
ment ; les divertissemens vous auront
échauffée , il faut prendre ce boüillon.
Madame de Guise se mit à pleurer ,
demanda un Confesseur , & ne douta
point que ce ne fût du poison. Elle
étoit seule , M. de Guise parloit en
Maître , il fallut obéir. Dès que le
boüillon fut avalé , il la laissa seule bien
enfermée dans sa chambre. Trois heures après l'étant venu retrouver : Madame , lui dit-il , vous avez passé une
nuit assez désagréablement , j'en suis
cause ; jugez de toutes celles que vous
m'avez fait passer aussi désagréablement pour le moins. Rassurez - vous ,

vous n'en aurez que la peur ; je veux croire que j'en suis quitte à aussi bon marché ; mais ne nous en faisons plus l'un l'autre.

M. le Tellier mourut en proférant toûjours des Sentences , & laissa vacante la premiere Charge du Royaume. Le Roi la donna le lendemain à Boucherat , qui , après avoir exercé l'un après l'autre tous les emplois de la Robe , & s'y être fait distinguer , par une profonde capacité & un parfait désinteressement , se vit élevé par son seul merite sans brigue & sans faveur sur le trône de la Justice.

Mais le Roi ayant appris vers le commencement de l'année 1686. que la plûpart des Princes de l'Europe jaloux de sa gloire & craignant sa puissance , se liguoient contre lui ; que les négociations s'échauffoient de toutes parts , & que l'Empereur songeoit même à faire la Paix avec le Turc , pour tourner ses forces vers le Rhin , il songea de son côté à se mettre en état de soûtenir l'effort de tant de Nations conjurées , & prit la résolution de ménager un trésor , en retranchant les dépenses superfluës. Il avoit employé l'an-

née précedente quinze millions en bâtimens , & ne fit le fond que de quatre
l'année courante , résolu d'entretenir
feulement les Aqueducs déja commen-
cez pour conduire des eaux à Verfailles , en remettant ce grand ouvrage à
un tems plus commode , & où il auroit
moins befoin d'argent.

Cette réfolution étoit bonne , mais
il n'eut pas la force de la tenir. L'envie de voir une riviere à Verfailles ,
fut la plus forte & les travaux conti-
nuerent. Il ne laiffa pas de faire rem-
bourfer à Bontems quatre cens cinquante mille livres qu'il lui avoit fait
avancer en Collations & en foupers
depuis dix ou douze ans. Bontems étoit
bien le meilleur Valet qui ait jamais
été ; le plus affectionné , cachant un
bon efprit & affez de fineffe fous un
exterieur groffier ; fidelle fans interêt
& fans ambition, ne fongeant qu'à faire le profit du Maître fans prefque fon-
ger à établir fa famille. Quand le Roi
lui donna la furvivance de fa Charge
de Premier Valet de Chambre pour
fon Fils aîné,il l'affûra qu'il ne lui de-
manderoit jamais rien;& je crois, Dieu
me veuille pardonner , qu'il lui a te-

nu parole, chose incroyable dans un pareil Courtisan, qui étoit six fois par jour
à porté de demander & d'obtenir. Aussi
le Roi paroissoit-il l'aimer tendrement ;
& quand sa Fille mourut dans le tems
qu'il l'alloit marier, ce grand Prince aussi
sensible qu'un Particulier, eut la bonté
d'employer quelques momens à le consoler.

Il diminua de quatre millions le fond
pour la Marine, & ne voulut plus acheter
de Diamans, quoique depuis long-tems
il eut accoûtumé d'en acheter tous les
ans pour deux millions. Il envoya à l'ordinaire cinq mille Louis d'or à M. le
Dauphin pour ses étrennes, & trois mille
à Madame la Dauphine ; & peu de jours
après il fit une Fête à Marly, où il donna pour plus de quinze mille pistoles
d'étoffe d'or, de bijoux & de pierreries.
On voyoit dans le Salon de Marly, les
boutiques des quatre Saisons de l'année. Monseigneur, & Madame de Mon-
tespan tenoient celle de l'Automne ; M.
du Maine & Madame de Maintenon tenoient celle de l'Hiver ; M. le Duc de
Bourbon & Madame de Thianges celle
de l'Eté ; Madame la Duchesse de Chevreuse & Madame de Bourbon tenoient

celle du Printems. Il y avoit dans chaque boutique de tout ce qui convient à chaque Saison. Les hommes & les femmes de la Cour y joüoient sans donner de l'argent, & emportoient tout ce qu'ils gagnoient ; & quand le jeu fut fini, le Roi & Monseigneur donnerent tout ce qui restoit dans les Boutiques.

Cependant le Roi apprit avec une joïe incroyable, qu'il se faisoit une infinité de conversions dans les Provinces, & qu'en plusieurs endroits des Villages entiers s'étoient rendus Catholiques. Cela fit résoudre à continuër l'entreprise ; & on donna un Arrêt du Conseil d'en-haut, par lequel il étoit ordonné aux Huguenots de mettre leurs enfans qui seroient au-dessous de seize ans, entre les mains de leurs plus proches parens Catholiques, & à leur défaut des gens nommez par le Roi. La Comtesse de Roye, à qui on avoit ôté cinq de ses enfans, pour les faire élever dans la Religion Catholique, obtint la permission d'aller en Dannemark avec ses deux filles aînées trouver son mari, qui s'y étoit retiré depuis quelque-tems. Le Maréchal de Schomberg s'en alla en Portugal avec sa femme & le Comte Charles son fils ; & Ruvigni avec ſes enfans paſſa en Angleterre. Le Roi leur conſerva leurs appointemens. Il ne ſe contentoit pas d'envoyer des Prédicateurs dans toutes les Provinces, il prêchoit en quelque faſon lui-même, & par un zele digne d'un Roi Très-Chrétien, il fit venir dans ſon cabinet le Duc de la Force Huguenot, des plus opiniâtres, & le preſſa avec tendreſſe d'ouvrir les yeux à la verité, ce qui fut pourtant fort inutile.

Tout paroiſſoit aſſez tranquille à Londres, grande Ville ſi ſujette aux révolutions. Le Roi Jacques II. ne ſongeoit uniquement qu'à procurer aux Catholiques la liberté de conſcience. Il y avoit deux principaux obſtacles qui s'oppoſoient à ſon deſſein. L'un étoit les loix penales, & l'autre les ſermens de Suprematie & du Teſt. On nommoit les loix penales des loix faites dans les Parlemens, par leſquels on ordonne des peines contre les Catholiques qui faiſoient exercice de leur Religion. Le ſerment de Suprematie avoit été introduit ſous la Reine Eliſabeth. On y juroit qu'on reconnoiſſoit le Roi d'Angleterre pour Chef de l'Egliſe. Le Teſt étoit un autre ſerment établi par acte du Parlement de

1673. par lequel on renonçoit à la croyance de la Transubstantiation, & ce serment se nommoit Test, parce que c'étoit un témoignage certain de la Religion de celui qui le prêtoit. Tous les Officiers de Cour, de Guerre, de Police, étoient obligez de prêter ces deux Sermens. Quelques Catholiques avoient crû pouvoir sans blesser leur conscience, prêter celui de Suprematie, & reconnoître leur Roi pour Chef de l'Eglise, entendant par l'Eglise, l'Eglise Anglicane; & c'étoit pour les exclure entierement des Charges, que leurs ennemis avoient inventé en 1673. le Serment du Test, que nulle explication ne pouvoit rendre innocent. Le Roi d'Angleterre voulant abolir tant les loix penales, que le Serment de Suprematie & du Test, commença par donner des dispenses, qui exemtoient des peines & des sermens. Et pour assurer davantage la liberté de conscience, il fit ce qu'il put pour porter les Anglois & les Ecossois à confirmer ces dispenses par des Actes du Parlement. Il esperoit que les peuples de ces trois Royaumes ne lui refuseroient rien après les marques d'estime qu'ils lui avoient données depuis son avenement à la Cou-

ronne. Celui d'Ecosse venoit de lui accorder un subside de deux cens mille livres sterlin,& avoit annexé à la Couronne à perpetuité le droit d'éxise ou sur les
boissons, que le Roi Charles II. son frere n'avoit jamais pû obtenir que pour sa
vie. Le Parlement d'Angleterre n'étoit
pas moins soumis. Il avoit déclaré qu'il
se contentoit de la parole que le Roi lui
donnoit de proteger la Religion Anglicane,& avoit renvoyé pleinement absous
le Comte de Dambis & les autres Seigneurs Catholiques, qui n'étoient sortis
de prison quelques années auparavant,
qu'en donnant caution de se representer.
Ainsi le Roi d'Angleterre se croyoit en
état de faire tout ce qu'il voudroit. Il
venoit d'envoyer en Irlande sa Maîtresse
Mademoiselle de Chelsi,qu'il avoit créée
Comtesse de Dorchester ; & quoiqu'il en
eut deux garçons , il lui avoit fait dire ,
qu'un Prince qui hazardoit son Etat &
son repos pour la Religion Catholique ,
ne pouvoit plus la voir en honneur ni en
conscience. En effet , il hazardoit beaucoup en envoyant publiquement un Ambassadeur au Pape, & marquant en toutes occasions son attachement à la Religion Catholique.

Le Roi de son côté s'abandonnoit à son zele. Mais dans le tems qu'aimé de ses Sujets & redouté de ses Voisins, il sembloit n'avoir rien à souhaiter, il commença à se sentir homme comme un autre, & son corps devint sujet aux infirmitez de la nature. Il lui vint une tumeur à la cuisse, qui l'obligea plusieurs jours à garder le lit; & il eut quelque atteinte de goute. On lui appliqua la pierre de cautere; on lui fit des incisions; il souffrit de grandes douleurs, & ne laissa pas de tenir ses Conseils à l'ordinaire. Il s'amusoit les aprèsdinées à voir ses Medailles; & ce fut ce qui augmenta beaucoup le grand crédit du Pere de la Chaise son Confesseur. Ce Pere aimoit fort les Medailles, & prétendoit s'y connoître. Il prit ce prétexte pour être presque toûjours avec le Roi, & dans la conversation il poussa des bottes au pauvre Archevêque, qui par sa conduite lui donnoit beau; & le fit exclure de la connoissance des Benefices, s'en appropriant à lui seul la nomination, où l'Archevêque avoit beaucoup de part avant ce tems-là. Ils commencerent à aller séparément à l'Audience des Vendredis. L'Archevêque ne rendoit compte au Roi que de quelques procès qu'il avoit jugez ; & Sa Majesté le ménageoit encore, parce qu'elle croyoit en avoir besoin pour les assemblées du Clergé. Mais le bon Pere avoit seul la Feüille des Benefices, qu'il ne montroit plus à personne.

Le mal du Roi ne le rendoit pas plus chagrin ; il vouloit que l'on se réjoüit en son absence. Monseigneur alloit presque tous les jours à la chasse du loup, & Madame la Dauphine tenoit les Appartemens à l'ordinaire. M. le Duc du Maine & Madame de Bourbon firent plusieurs Mascarades, & joüerent plusieurs Comedies dans la ruelle du lit du Roi. Il ne se levoit point ; il entendoit la Messe dans sa chambre, & tous ses Courtisans le voyoient à son dîné & à son soupé. Il paroissoit à cette occasion qu'il étoit Roi; puisqu'il étoit obligé de se contraindre & de dévorer son mal devant le monde, ce que le moindre de ses Sujets n'eût pas fait. Il dînoit & soupoit en particulier les jours maigres, parce qu'il mangeoit de la viande ; & quoique malade il n'en vouloit pas manger par scrupule.

Son zele pour la Religion Catholique augmentoit de jour en jour. Il n'é-

pargnoit ni soin ni dépense pour faire instruire les nouveaux Convertis. Il fit im-
primer à ses dépens pour plus de quatre-
vingt mille livres de Livres de Pieté &
de Religion, qu'il faisoit distribuër dans
les Provinces ; & cela dans le tems qu'il
retranchoit la plûpart de ses plaisirs. Il
faisoit de continuelles graces aux nouveaux Convertis. Il donna quarante mille livres au Marquis de Verac , pour lui
aider à payer sa Charge de Lieutenant
de Roi de Poitou, que le Comte de Pa-
rabere lui avoit vendu quatre-vingt mille livres. Il fit plus ; en voyant qu'il ne
pourroit jamais déraciner le Calvinisme
du Dauphiné, tant qu'il y auroit des Barbets dans les Vallées voisines de Pignerol, il persuada au Duc de Savoye de les
en chasser, ou de les obliger à se conver-
tir. Il lui offrit même un secours de
Troupes , que le Cardinal devoit commander , au cas que les Edits & les raisons fussent inutiles.

Ces Barbets sont des Heretiques, reste
des anciens Vaudois & des Albigeois
qui firent tant de désordres en France
dans le treiziéme siecle. Voici pourquoi
on les a appellez Barbets. *Barba* dans
la langue ou jargon du Païs , signifie
Oncle.

Oncle. Ces Heretiques expliquant à leur mode le passage de l'Evangile , qui défend d'appeller aucun homme du nom de Pere , parce que Dieu seul est nôtre véritable Pere, crurent qu'ils ne devoient pas donner le nom de Pere à leurs Ministres ; & ils leur donnerent le nom de Barba , ou d'Oncles , qui après celui de Pere , leur paroissoient le plus propre à marquer leurs respects ; & du nom de Barba qu'ils donnerent à leurs Ministres; ils furent eux-mêmes nommez Barbets par ironie ou par sobriquet, de la même maniere que les ennemis des Catholiques les nommerent Papistes , à cause de leur soumission au Pape , & qu'en Angleterre on nomme Episcopaux ceux qui tiennent le parti des Evêques ; & Presbyteriens , ceux qui tiennent celui des Prêtres. Ces Heretiques avoient gardé la plûpart des erreurs des Vaudois, sur tout une haine irréconciliable pour le Pape ; ce qui les unissoit d'interêt & de sentimens avec les Huguenots de France, dont plusieurs s'étoient retirez parmi eux.

Ce fut en ce tems-là que M. le Duc de Chartres commença à venir à la Cour. Le Roi lui fit rendre des honneurs extraordinaires , & regla que le Grand

Tome I.   V

Aumônier lui donneroit lui-même du pain beni à la Messe ; & que les Secretaires d'Etat lui presenteroient la plume, quand il faudroit signer quelque Contrat de Mariage ; ce sont des honneurs qu'on ne fait point aux Princes du Sang , aussi le traite-t-on comme Petit-Fils de France. Le Maréchal d'Estrades , son Gouverneur, étoit mort depuis peu ; il avoit fait sa fortune , plus par esprit que par courage; les négociations l'avoient avancé pour le moins autant que la guerre, & sur ses vieux jours , on l'avoit chargé de l'éducation laborieuse d'un jeune Prince, ce qui ne convenoit, ni à son humeur , ni à sa santé. Il avoit succedé dans cet emploi, au Maréchal de Navailles ; ce qui fit dire à Benserade , que Monsieur avoit beaucoup de peine à élever des Gouverneurs à son Fils. Le mot eut été encore meilleur après la mort de M. le Duc de la Vieuville , qui succeda au Maréchal d'Estrades, & qui ne vécut pas plus long-tems que les deux autres.

Il mourut alors à Paris un homme beaucoup plus illustre que tous ceux dont je viens de parler , quoiqu'il ne fût point titré. C'étoit le Comte de Coligni, qui avoit eu l'honneur de commander

les six mille hommes que le Roi envoya
en Hongrie au secours de l'Empereur. Le
Public ne lui avoit pas fait justice sur la
Victoire de Raab , & il meritoit au
moins d'avoir pour sa part la moitié de
la gloire que la Feüillade se donna en
entier , à force de parler haut. Il avoit
servi en Flandres, sous le Grand Condé ;
& lors de la maladie du Roi à Calais, y
étant venu pour sçavoir des nouvelles
de SA MAJESTÉ , le Cardinal Mazarin
lui fit proposer de quitter le service de
M. le Prince par le Tellier, dans la pensée de lui faire épouser sa Niece, la belle
Hortense, & de le déclarer son Legataire
universel. Coligni rejetta fierement sa
proposition , & dit que quoiqu'il ne fût
pas content de M. le Prince , il ne le
quitteroit jamais tant qu'il seroit malheureux.

Il étoit mort quelque-tems avant un
Magistrat , que le Roi regretta assez.
C'étoit Nicolai premier Président
de la Chambre des Comptes ; il tom-
ba du haut de l'escalier de sa maison
de campagne , & se tua tout roide. Il
étoit homme de merite , grand haran-
gueur & bon joüeur d'Echets. Le Roi
donna sa charge à son fils , qui étoit

Avocat General de la même Chambre,
& qui avoit été à la guerre du vivant de
son frere aîné, & lui permit de l'exercer,
quoiqu'il n'eut que vingt-huit ans. Il ne
voulut pas lui donner la Capitainerie
des chasses du païs de Beaumont qu'avoit
son pere, parce que cela avoit causé des
Procès avec le Maréchal de la Motte,
qui en avoit le domaine ; il est le septié-
me de sa maison qui a eu cette charge
de pere en fils. Charles VIII. en allant
à la conquête du Royaume de Naples, la
donna à un Monsieur Nicolas, qui se
trouvant en Italie, habilla son nom à
l'Italienne, en changeant son S en L.

Fin du IV. Livre.